AF619440

LE DUEL

CONSIDÉRÉ

DANS TOUS LES RAPPORTS

HISTORIQUES,

MORAUX ET CONSTITUTIONNELS;

ET

MOYENS

DE L'ANÉANTIR RADICALEMENT.

PAR FRANÇOIS GORGUEREAU, Électeur & Juge, au Département de Paris.

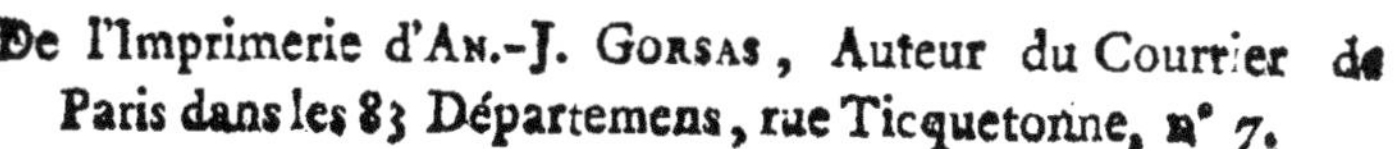

De l'Imprimerie d'AN.-J. GORSAS, Auteur du Courrier de Paris dans les 83 Départemens, rue Ticquetonne, n° 7.

1791.

LETTRE PRÉLIMINAIRE.

A M. . . . .

Député à l'Assemblée Nationale, & ancien Chevalier de St-Louis.

Du 15 Mai 1791.

QU'EXIGEZ-VOUS *de moi, Monsieur? Pourquoi me forcer de publier les divers entretiens que nous venons d'avoir ensemble? Je n'ai plus rien à dire, puisque mon opinion est aujourd'hui devenue la vôtre.*

C'est maintenant à vous d'agir. Montez à la tribune, & déployez un nouveau genre de courage. La gloire de votre longue carriere vous applanira mille obstacles, que tout autre orateur aurait peine à vaincre. Riche d'une expérience acquise dans l'espace de plus de trente-deux années de service; couvert de blessures; revêtu d'une distinction, qui, dans vos mains, conservera toujours son caractere primitif, malgré l'abus qu'on n'a cessé d'en faire, sous l'empire de la faveur & de la corruption; respecté, chéri de tous vos freres d'armes, à qui convient-il mieux qu'à vous de leur parler de bravoure, & de les diriger dans le chemin de l'honneur? Allez faire éclater dans le conseil national la sagesse de Nestor, après avoir montré l'intrépidité d'Achille contre les escadrons ennemis. Coupable vous-même, hélas! envers votre ancien ami, de l'un de ces assassinats, dont vous voulez tarir la source, ne dissimulez plus l'amertume des remords, auxquels vous êtes en proie depuis cette triste journée. Laissez, Monsieur, laissez voir votre âme toute entiere. Faites retentir aux oreilles des hommes sensibles, les cris déchirans de toutes ces victimes, dont le sang demandait inutilement vengeance aux suppôts de la tyrannie. Ah! Monsieur, si le succès couronne vos généreux soins, quelle utile victoire! Qu'est-ce que tous les lauriers de Bellone, comparés aux tributs d'admiration & de reconnaissance, que vous recevrez à jamais de vos contemporains & de la postérité?

Mais je vous entends. Les instances que je vous fais, ne servent qu'à redoubler les vôtres à mon égard. Vous ne tenez aucun compte ni de mon indifférence, ni même de mon éloignement pour tout ce qui peut paraitre appeller l'attention sur ma personne. Vous voulez être obéi, quoique j'aie résisté jusqu'à ce jour à tous ceux qui me pressaient d'ecrire. Le seul moyen de nous mettre d'accord, est de céder l'un & l'autre. Si je suis donc obligé de consentir à rédiger les idées qui vous semblent irrésistibles, ce n'est que pour venir au secours de votre mémoire, & sous la condition expresse que vous vous engagez par suite à les faire valoir en temps & lieu.

Avant tout, permettez-moi, Monsieur, quelques reflexions.

Vous avez remarqué, comme moi, dans quel embarras on se trouve, lorsque, voulant parler sur le duel, on cherche à poser la question. De quelque côté que l'on se tourne, le sujet se présente aux yeux de la raison, sous des couleurs si frappantes, que toute discussion parait absolument oiseuse. En effet, à quel homme de bonne foi, pourriez-vous demander sérieusement :

Si le duel est une voie légitime :

Si le duel peut être toléré dans un gouvernement sage ;

S'il importe soit à l'ordre public, soit aux droits individuels du citoyen, d'anéantir ce terrible fléau du corps politique ?

Encore une fois, Monsieur où pourrait-on élever de semblables doutes, si ce n'est dans la forêt de Sénard, ou dans une horde de Cannibales ; de sorte que tout le monde étant d'accord sur ces premiers objets, il semble, en derniere analyse, que l'examen ne puisse plus consister qu'à savoir :

Quelles sont les mesures les plus propres à faire disparaitre un abus aussi révoltant ?

Oui, Monsieur, telle est la marche naturelle

des idées dans l'ordre d'une ſaine & froide dialectique. Mais il en eſt tout autrement, lorſqu'il s'agit de rectifier & de refondre la maſſe corrompue de l'opinion publique, ſur un article auſſi délicat que celui du point d'honneur. *A mon ſens, une des principales cauſes de l'inconſéquence, où tombent ceux qui n'ont pas la force de braver le préjugé qu'ils reprouvent eux-mêmes, nait de ce qu'ils n'ont tous, à cet égard, qu'une conviction vague.*

Voulez-vous les ſauver de leurs propres erreurs? Ne vous reſtreignez point à leurs notions incomplettes. Attaquez, preſſez, entrainez, ſubjuguez tous les eſprits incertains. Il faut, Monſieur, qu'invinciblement maitriſés par un profond ſentiment d'indignation, ils demeurent plongés dans cet état de ſtupeur, qui peut ſeul être pour eux la criſe ſalutaire, à la faveur de laquelle ils paſſeront enfin ſans nul retour du menſonge à la vérité. Comment atteindre ce but ſi déſirable? Ce n'eſt point en les catéchiſant d'une maniere maigre & flaſque, comme l'ont fait la plupart de ceux qui, juſqu'à ce jour, ſont venus traiter la queſtion après le citoyen de Geneve. C'eſt en expoſant avec clarté l'abſurde ſyſtême du duel dans ſon origine, dans ſes effets, dans toutes ſes relations morales & politiques. *C'eſt en montrant le ſujet dans toute ſon ampleur & ſous toutes ſes faces. Ne craignez pas de revenir plusieurs fois à la charge. Usez à propos de véhémence & de raisonnement. Emparez-vous tour à tour & de la foudre & du caducée, sans jamais vous méprendre sur le choix des circonstances, où ces diverses armes peuvent être heureusement employées. C'est alors que nos étourdis connaîtront évidemment toute la ferocité du monstre qu'ils caressent, & qui les dévore un à un, & soudain tous se hâteront de l'immoler. Car enfin, ce n'est point aux éleves des Mandrin ni des Cartouche, que nous voulons adresser la parole; & quel homme de bien continuera de violer les principes les plus sacrés, quand il viendra lui-même à discerner avec effroi qu'il n'est qu'un vil assassin, alors qu'il croit obéir aux plus séveres loix de l'honneur?*

F. GORGUEREAU.

P. S. Encore un mot. Je vais m'engager dans une route que je n'ai jamais tenue. C'est une raison de m'excuser, si je m'égare. Mais aussi regardez-y, de grace, avant de prononcer. Car si le chemin est tortueux, & qu'il s'étende de droite à gauche, j'aurai beau le suivre, je ne pourrai décrire une ligne droite.

Non, pourtant, que je veuille jamais m'emprisonner dans les limites d'une servile méthode, pour complaire à ces myoppes, qui traitent d'imaginaire tout l'espace que leur faible vue ne peut atteindre. Si le lecteur a droit de prendre & de quitter le livre à son gré, pourquoi l'auteur ne ferait-il pas libre aussi d'embrasser tout ce qui lui paraît tenir, même de loin, au sujet qu'il médite? C'est d'après ses propres idées, & non d'après celles d'autrui, qu'il travaille.

« Je m'égare, dit Montaigne (1), mais plutôt par licence que par mégarde. Mes fantaisies se suivent, mais par fois c'est de loin, & se regardent, mais d'une vue oblique. J'ai passé les yeux sur tel dialogue de Platon, mi-parti d'une fantastique bigarrure : le devant à l'amour, tout le bas à la rhétorique. Ils ne craignent point ces *muances*, & ont une merveilleuse grace à se laisser ainsi rouler au vent, ou à le sembler. O Dieu! que ces gaillardes escapades, que cette variation a de beautés! Et plus, lorsque plus elle retire au nonchallant & fortuit. C'est *l'indigent lecteur* qui perd mon sujet, & non pas moi. Il s'en trouvera toujours, en un coin, quelque mot, qui ne laisse pas d'être battant, quoiqu'il soit serré......

« Je me contente du bout d'un poil, pour les joindre à mon propos ».

---

(1) *Liv. 3. chap 9, pag. 262, tom. 8, édit. de Coste, 1771. & tom. 6, liv. 2, chap. 27, pag. 216.*

LE DUEL

CONSIDÉRÉ DANS TOUS LES RAPPORTS HISTORIQUES, MORAUX ET CONSTITUTIONNELS, ET MOYENS DE L'ANÉANTIR RADICALEMENT.

Les préjugés, qu'un antique abus a profondément enracinés dans les mœurs d'un peuple, finiſſent par être regardés comme l'état naturel des choſes. On penſe que ce qui ſe fait depuis long-tems, s'eſt fait de tout tems. Fort, ou plutôt faible de cette ancienne poſſeſſion, on aime à croire, pour s'épargner la peine de revenir de trop loin, que c'eſt être fou que vouloir être plus ſage que tant de générations paſſées. Ainſi, nos jeunes militaires ne peuvent iſoler la profeſſion des armes de la pratique du duel; & tandis qu'eux-mêmes agissent & pensent comme des ostrogots & des wisigots, ils répondront avec une insultante ironie, que vous leur parlez *gothique*, si vous osez leur dire qu'ils ne doivent obtenir que du magistrat la réparation qu'ils attendent de leur épée.

Examinons, 1°. sous quels rapports le duel a successivement figuré dans les institutions des hommes.

2°. Sous quels rapports il faut le voir dans les principes généraux de la vérité.

3°. Sous quels rapports on doit l'envisager, d'après notre nouvelle constitution.

Et 4°. les moyens propres à le détruire irrévocablement.

PREMIERE PARTIE.

On peut, en premier lieu, diviser l'histoire de tout le genre humain, seulement en deux différentes époques. Je mets d'un côté tous les peuples qui se sont succédés les uns aux autres, avant que l'on connût *le régime féodal*. Je range de l'autre ceux qui se sont asservis aux extravagances de ce systême oppressif.

PREMIERE ÉPOQUE.

La premiere époque embrasse un espace de plus de quatre mille ans. Dans cette longue filiation de siecles, l'homme semble avoir atteint de proche en proche tout ce qui pouvait attirer ses regards. Philosophie, morale, politique, sciences, arts, il a tout soumis à l'influence de son génie. Nous ignorons encore aujourd'hui s'il nous a laissé l'espoir de nouveaux progrès, & si l'on peut affirmativement dire que l'activité de ses recherches ne se soit point étendue à toutes les combinaisons qu'il pouvait s'approprier. Mais passons; c'est-là ce qui touche le moins ceux que nous avons à convaincre.

Etudiera-t-on l'homme sous un tout autre point de vue? Parlera-t-on de ses erreurs & de ses fautes? Ici, comme là, le résultat comparatif paraît être le même; & s'il ne s'agissait pas du duel en ce moment, nous ajouterions qu'il semble que les mortels deviennent & fassent, dans un intervalle donné, tout ce qu'ils pourront jamais être & faire. Quand ils sont arrivés une fois au terme, qui n'est que l'exacte mesure de leurs forces, ils ne font plus que rétrograder & s'épuiser à parcourir de nouveau la même carriere, quoiqu'ils tiennent des routes différentes. Observez le genre humain dans toute la série de notre premiere époque; vous y retrouverez les mêmes turpitudes, dont nous avons eu depuis à rougir. Ecarts, vices, crimes, préjugés, il n'a pas moins épuisé la somme du mal que la somme du bien: il a commis, soit envers les dieux, soit envers la nature, soit envers la société, soit envers lui-même, tous les excès qui peuvent dériver du désordre de ses passions & de l'abus de sa raison : il a, d'un autre côté, rempli tous les devoirs, & pratiqué toutes les vertus que l'on devait attendre de sa sublime essence & de son admirable perfectibilité. Sage & fou, bon & méchant, vertueux & coupable, sensible & cruel, arrogant & bas, flatteur, impie & superstitieux, toujours inconséquent & toujours égal à lui même, il s'est montré sous toutes les formes, en réunissant tous les extrêmes. Cependant nulle part, dans l'immense trajet de ces quatre mille ans, nulle part on ne rencontre un seul exemple de cet absurde point d'honneur, qu'il nous plaît de regarder aujourd'hui comme inséparable de nos habitudes. Peuples nés d'hier ! nous était-il donc réservé d'ajouter à nos malheurs, & d'imaginer un nouveau crime ! .

Ferons-nous hommage à notre bravoure de ce mouvement impétueux, qui nous porte soudain à venir affronter la mort, plutôt que de souffrir l'apparence d'un outrage ? Rapporterons-nous à nos mœurs guerrieres l'origine de cet étrange point d'honneur additionnel, que nous avons payé si cher ?

Insensés ! j'en appelle à votre propre ambition. Selon vous-mêmes, les siecles de la valeur & de l'intrépidité sont ceux que renferme notre premiere époque. C'eſt-là que ſont vos guides, vos héros & vos dieux. Le récit de leurs exploits allume dans vos ames une noble ardeur, qui vous tranſporte & vous éleve au-deſſus des faibleſſes vulgaires. *Achille*, *Hector*, *Themiſtocle*, *Epaminondas*, *Alexandre*, *Décius*, *Scipion*, *Annibal*, *Céſar*, *Pompée*, *Brutus*, tous ces noms fameux, que les bouches de la renommée ne ceſſent de publier, ſont l'inépuiſable objet de vos éloges & de votre admiration. Il ſemble que, religieux obſervateurs de cette ſorte de culte traditionnel, vous & vos pairs vous chargiez à l'envi de renouveller d'âge en âge les honneurs de l'apothéoſe, que ces hommes célebres ont obtenus de leurs contemporains.

Eh bien! s'il était poſſible d'évoquer les mânes de ces anciens braves, & qu'ils daignaſſent vous entendre ſur un pareil ſujet, répondez : *oſeriez-vous les accepter pour arbitres?* En eſt il un ſeul parmi vous qui ne prévoie d'avance quelle ſerait la déciſion de ce conſeil martial? Ils vous diraient d'un commun accord :

» Que nous apprenez-vous? Il eſt donc vrai qu'après tant de ſiecles l'erreur des nations eſt encore la même, & qu'elles n'ont point fait un pas de plus vers le but général des ſociétés policées. Toujours les perfides ſéductions de la victoire l'emportent ſur les véritables charmes de la paix & du bonheur! Où fuir? où nous ſouſtraire aux ſupplices de nos consciences? Ls séjour des morts nous retrace à chaque instant le souvenir de nos attentats par la présence habituelle de tous ceux, que nous avons impitoyablement sacrifiés aux prestiges de notre orgueil. Sur la terre, l'exemple des calamités que nous avons répandues d'un pôle à l'autre, loin de corriger l'homme & de le ramener aux sentiments de la concorde, devient un motif d'émulation, & ne sert qu'à propager de plus en plus l'amour de la guerre, la soif des honneurs, & tous les préjugés monstrueux qui s'allient à ce double fléau. Malheureux! que faites-vous en nous prostituant votre admiration? N'avons-nous pas assez de nos propres forfaits? Faut-il de plus nous rendre encore complices de tous ceux que vous commettez à notre insu? Par pitié, sinon par justice, renpérissent à jamais tous nos vains trophées! Renversez tous ces monumens fastueux que l'ignorance, & la terreur & la flatterie nous ont élevés, & qui ne sont que des fanaux destinés à décevoir la crédulité du voyageur. Ensévelissez désormais jusqu'à nos noms dans un oubli perpétuel; ou s'il faut qu'ils soient condamnés à toujours vivre dans la mémoire, que du moins ce ne soit que pour rappeller à jamais, non les illusions de nos triomphes, mais le désespoir des peuples & l'expiation de nos brigandages.

» Du reste, que nous parlez-vous de duel & de

combats ſinguliers? Qu'eſt-ce que ce prétendu point d'honneur, dont vous faites ſi grand bruit? C'eſt à nos eſclaves qu'il faut aller ſoumettre votre queſtion. Elle ne peut intéreſſer que de vils gladiateurs. Sachez, ſi vous le pouvez dans la baſſeſſe de votre abjection, ſachez diſcerner la véritable ſource de toutes nos fautes. Quelque graves qu'elles ſoient, cependant aux yeux du philoſophe attentif, elles décéleront peut-être moins la dépravation de l'ame que l'abus du génie. L'infortunée famille de Darius, & les triſtes captives de Scipion l'Africain annoncent aſſez que, ſur le char même de la victoire, nous ſavions commander à nos paſſions, & que l'héroïſme de la généroſité ne nous était pas plus étranger que l'héroïſme de la valeur. Nos talens ſeuls firent, hélas! tous nos torts. La conſcience d'un eſprit vaſte, la facilité de concevoir de grands deſſeins, l'art de multiplier les reſſources proportionnellement à la réſiſtance des obſtacles, l'audace de tout entreprendre & l'habitude de tout exécuter; mille penſées plus brûlantes les unes que les autres, égaraient notre bras & troublaient notre cerveau, tandis que le cœur reſtait toujours pur. Combien de fois le champ de bataille n'a-t-il pas été mouillé de nos larmes! A la tête de ſes troupes, Céſar était inacceſſible à tous les ſentimens de patriotiſme & d'humanité. Dépouillé de ſes armes, & rentré dans le cercle des relations domeſtiques,

César a donné des preuves signalées de clémence & de sensibilité. Si l'on calcule tous les piéges que la vanité tendait incessamment à notre faible raison dans une longue carriere, où chacun de nos pas était un nouveau succès, peut-être verra-t-on que l'on peut pardonner à des hommes d'avoir essayé de douter alors s'ils n'étaient que de simples mortels. Arbitres suprêmes de la guerre & de la paix, nous pouvions créer ou détruire des cités entieres. D'un seul mot nous imprimions le mouvement & la vie à de nombreuses armées. Tous les peuples de la terre attendaient de nous le sort que la fortune leur réservait. Notre religion conspirait elle-même à nous séduire, puisque, militaire à beaucoup d'égards, elle nous montrait au rang des dieux ceux sur les traces desquels nous nous empressions de marcher. Nul de nous n'avait le desir immédiat de tuer, ni même de nuire. Nous nous laissions emporter tous à l'attrait de gagner la partie, d'ajouter triomphe à triomphe ; & quand nos regards venaient à s'arrêter sur les désastres qui suivaient l'explosion formidable de nos forces, mille fois trop ingénieux à tout pallier, nous semblions nous donner le change à nous-mêmes, en songeant que la foudre ne sort presque jamais des mains de Jupiter, sans frapper aussi-tôt plusieurs victimes. Voila nos crimes, & voila nos excuses.

» Mais vous, méprisables coryphées d'une horde

de coupe-jarrêts, de quel front osez-vous prononcer devant nous les noms sacrés d'honneur & de courage? En quoi consistent vos talens & votre génie? Vos moyens sont les ressources de l'arrogance, & votre but n'est que l'affreux terme de la haine & de la brutalité. Le voyageur qui s'expose aux hazards des grandes routes, peut se mettre en garde contre les dangers qu'il y court. Avec vous, au contraire, la prudence est toujours en défaut, parce que l'instant où la querelle s'engage, est celui même qui paraissait le moins propre à la faire naître. On vit au milieu de vous ainsi qu'avec ces bêtes féroces que l'on croit apprivoisées, & dont à chaque minute on peut être dévoré. Sur le mot le plus vague, sur le geste le plus innocent, deux hommes, deux amis......... deux peres de famille se jurent mutuellement de s'égorger l'un par l'autre ; & vous vous honorez de demeurer fideles à cette promesse abominable, comme les malfaiteurs le font entre eux au partage de leurs vols respectifs. Humanité, nature, amitié, rien ne vous touche, & rien ne vous émeut. Vous n'avez d'autre patrie qu'une salle d'armes, & vos trophées ne sont que des assassinats. C'est *par honneur* que vous foulez aux pieds les devoirs les plus saints. C'est *par honneur* que, réfractaires à de premiers sermens que le ciel & la terre ont solemnellement consacrés, vous délaissez

& trahiſſez à-la-fois & vos épouſes & vos enfans. La raiſon vous condamne, vos loix vous flétriſſent, votre religion vous anathématiſe; n'importe. L'obligation que vous avez contractée d'être criminels & parricides, doit prévaloir déſormais ſur tous les autres liens..... Barbares antropophages! & vous oſerez encore aſpirer aux lauriers de la valeur? Ah! quel capitaine d'entre nous eût jamais conſenti de s'unir à de pareils brigands? Fuyez, fuyez loin de *Scipion* & de *Pompée*. Nul de vous n'eût alors mérité de combattre ſous le dernier des braves. A peine euſſiez-vous été dignes de ſervir dans les boucheries de *Thoas*. Le cruel emploi de palefrenier dans les écuries de *Diomede*, ou dans les étables de *Glaucus*, tel eſt le ſeul poſte que l'on eût pu deſtiner à vos horribles talens (1) ».

Mais, dit-on, les hommes ont en tout temps eu mêmes occaſions, mêmes prétextes de s'aigrir & de s'irriter les uns les autres. La jalouſie, l'in-

(1) *Thoas*, *Diomede*, *Glaucus* : on ſait que, de ces trois tyrans, le premier faiſait immoler à Diane, tous les étrangers qui deſcendaient dans ſes états, & que les deux derniers nourriſſaient de *chair humaine*, l'un ſes chevaux, & l'autre ſes cavales.

térêt personnel & l'amour-propre, ne sont point des sentimens inconnus aux générations premieres. Or, puisque le duel l'était aux peuples les plus belliqueux de l'antiquité, de quelle maniere se vuidaient donc les querelles qui survenaient nécessairement alors comme aujourd'hui? Quelle satisfaction *un militaire offensé* pouvait-il prétendre?

Entêtés de leur folle gymnastique, nos bravaches imaginent toujours qu'un prévôt est de tous les instituteurs le plus indispensable, & que son école est le sanctuaire de toute justice. Le moyen de concevoir aucun ordre public chez une nation, qui n'avoit pas encore découvert la science de la *tierce* & la science de la *quarte*!

Oui, les mortels ont toujours eu mêmes passions, mais tous n'ont pas eu mêmes préjugés. L'escrime que nos ignares spadassins regardent comme la seule voie propre à terminer les querelles individuelles, n'a fait que les multiplier de plus en plus. On devient aisément susceptible, pointilleux, inflammable, quand on s'accoutume à prononcer en sa cause personnelle, & qu'on se rend toujours l'unique arbitre de l'insulte & de la réparation. Premier vice dont les anciens étaient exempts, parce qu'ils ne connoissaient point l'usage du duel. *Eurybiade* & *Thémistocle*, tous les deux généraux des armées ~~Athéniennes~~, différent d'opinion dans le conseil de la république. Le premier, qui d'ail-

+ grecques

leurs avait tort, Eurybiade va juſqu'à lever le bâton ſur Thémiſtocle pour l'en frapper. Que répond le vainqueur de Salamine?.... FRAPPES, SI TU VEUX, POURVU QUE TU ÉCOUTES!

Dans nos mœurs mêmes, nous n'en ſommes pas réduits à voir juger à la pointe de l'épée tous les différens qui peuvent s'élever entre les citoyens de toutes les conditions. Les gens, que nos hobereaux appellent *vulgaires*, ont trois manieres ſimples de ſortir d'embarras, lorſqu'ils ne veulent pas recourir aux loix. Les uns dédaignent l'injure, & ſe taiſent; les autres ſe contentent de réparties plus ou moins vives. Quant à ceux que la colere ou la rudeſſe dominent davantage, ils s'expédient incontinent avec les pieds & les mains, ſans aller chercher d'autres armes que celles qu'ils ont reçues de la nature; & rarement en coûte-t-il la vie à perſonne. Il eſt vrai qu'il n'y a là ni dignité, ni nobleſſe. C'eſt ſe bleſſer, c'eſt ſe tuer avec une grande *inconvenance*. Pardonnez-le, meſſieurs, à cette populace, & remarquez que jadis les plus illuſtres perſonnages n'y mettaient pas plus de cérémonie. Quand le lâche *Therſyte* vint outrager *Achille*, celui-ci crut-il devoir ſe vanger en héros? Non, auſſi vîte que l'éclair il renverſa l'inſolent *d'un coup de poing*, & ſoudain l'étendit mort à ſes pieds. Vous avez de plus ouï parler de la colere d'*Achille* avec *Agamemnon*, des querelles de *Céſar*

& de *Pompée*, & de tant d'autres débats particuliers, que les rivalités engendraient. Citez un ſeul cas où ces rédoutables diſſidens aient employé votre étrange mode de pacification. Ainſi les meilleurs guerriers ceſſaient de l'être, toutes les fois qu'il ne s'agiſſait entre eux que de contradictions individuelles & privées. Leur honneur ne dépendait point d'un aſſaſſinat, & l'uſage de leur épée n'appartenait qu'à la république.

A l'armée, dans les camps, officiers & ſoldats, tous étaient invariablement ſoumis à l'auſtérité de cette diſcipline, qu'il nous eſt aujourd'hui plus facile d'admirer que d'imiter. Après la guerre, & durant la paix, chacun, rédevenu ſimple citoyen, abdiquait le coſtume militaire. Les loix agiſſaient indiſtinctement ſur tous les membres de la cité. La fortune, la tranquillité, l'honneur & la vie du riche & du pauvre, du fort & du faible, repoſaient également alors ſous la ſauve-garde & ſous la reſponſabilité du magiſtrat. Malheur à lui, s'il permettait jamais que ce dépôt ſacré s'altérât en ſes mains !

Dira-t-on que les anciens ont ignoré l'art du duel, parce qu'ils n'avaient aucune idée de ces défis, où deux champions, ſe meſurant corps à corps, font aſſaut de courage & d'adreſſe? Quel peuple moderne a porté l'attention & le goût auſſi loin qu'eux pour ces ſortes d'exercices? Ils en avaient de toute eſpece. La lutte, le ceſte ou puginat, le diſque ou palet, la courſe, le ſaut, le pancrace, &c. &c. ouvraient un champ vaſte aux divers appels. L'eſcrime même faiſait partie de ces différens genres de combats. Les gladiateurs, c'eſt-à-dire les eſclaves, & quelquefois des mercénaires, auſſi crapuleux que nos plus vils baladins, commençaient d'abord par s'attaquer avec des fleurets de bois; puis ils finiſſaient par ſe battre avec des épées, & ſouvent juſqu'à la mort, qu'ils bravaient d'une maniere incroyablement ſtoïque (1).

Mais on ne peut aſſeoir aucune relation entre le duel & ces exercices. L'un eſt un vrai guet-à-pens; les autres étaient des divertiſſemens publics. La plupart de ceux-ci tendaient à fortifier le corps,

(1) C'était un crime à ces malheureux de ſe plaindre quand ils étaient bleſſés, ou de demander la mort, & de chercher à l'éviter, quand ils étaient vaincus. S'ils ſemblaient attendre le coup mortel avec intrépidité, le prince ou le peuple leur donnait communément la vie. Le ſigne de grace était d'abattre le pouce & de le ſerrer ſous les autres doigts; & quand on voulait que le vaincu périt, on élevait le pouce & on le tournait vers les combattans.

Théodoric, Roi des Oſtrogoths, abolit entiérement ces combats des gladiateurs en Italie. Trévoux, *verbo* gladiateur.

en l'endurcissant à la fatigue ; celui-là ne produit que des occasions de perdre inutilement la vie. Si, dans les uns, la férocité romaine s'égayait à boire le sang humain, du moins ne s'assouvissait-elle que sur la classe la plus abjecte, ou sur de simples prolétaires. Dans l'autre, au contraire, la férocité française se repaît de l'élite de la jeunesse ; elle aime à détruire les plus cheres espérances de la patrie, & ne fait grace qu'à l'ignoble obscurité qu'elle dédaigne. Chez les Romains, l'escrime était le métier de la canaille, & flétrissait ceux qui s'y livraient ; chez nous, les patriciens, beaucoup plus habiles gens, ont non-seulement voulu succéder aux esclaves, & s'emparer de la *gladiature* ; ils ont décidé de plus que ces modeles devaient être les nôtres, sous peine d'être *ipso facto* déchus de la qualité d'homme d'honneur, & nous les avons crus !

M'opposera-t-on enfin l'exemple des *Horaces* & des *Curiaces* ? Ah ! ce serait profâner tout ce que le civisme & le courage ont jamais pu faire de plus héroïque. Quelle énorme distance de ce combat singulier à ceux de nos impudens duellistes ! mais cessons ce parallele ; c'est comparer le crime à la vertu. Pourquoi les peuples, hélas ! n'ont-ils pas mis à profit la grande & sublime leçon, qu'Albes & Rome donnerent alors à l'univers ? Que de malheurs ! que de forfaits n'eust ſent point exiſté ! Les Horaces & les Curiaces, dépoſitaires des deſtinées de leur patrie reſpective, & combattant ſous les yeux des deux nations, nous ont appris, dans ce majeſtueux arbitrage, qu'il ne ſuffit pas toujours aux guerriers d'être prêts à braver la mort, mais que la véritable grandeur d'ame eſt de ſavoir verſer ſon ſang à propos, pour épargner celui de ſes concitoyens. Tyrans du genre humain ! vantez tant qu'il vous plaira les ſavantes cruautés de ces capitaines, qui s'évertuaient à faire maſſacrer des milliers de ſoldats. L'ami des hommes, l'ami de ſon pays, l'ami de la liberté n'enviera jamais d'autre gloire que celle de pouvoir écarter ſeul le fléau de la guerre, en obtenant l'honneur de ſe ſacrifier & de ſe dévouer pour le ſalut de tous.

Seconde Epoque.

Ici tout change ; nous paſſons de la clarté d'un beau jour, dans les épaiſſes ténebres d'une longue nuit. L'éclipſe eſt totale ; l'homme, tombé de la hauteur de ſon génie, n'a plus les mêmes traits, ni la même figure : il paraît déſormais être d'une autre eſpece. Nouveaux rapports, nouvelle conſcience, nouvelles idées, nouveaux ſentimens, nouveau langage, & nouveaux dieux. Que diſons-nous ? n'abuſons point de ces noms ſacrés. La raiſon eſt-elle. le délire de l'extravagance ? La justice est-elle la subversion de tous les principes? N'est-ce point insulter à la religion, que de la supposer dans ce mélange adultere de piété, de charlatanisme & d'hypocrisie, que les ministres des autels prêchaient jadis à la crédulité des simples, & dont le but le plus réel était d'immoler les uns à l'insatiable ambition des autres? Nous rougissons tous, aujourd'hui que le voile du prestige est enfin déchiré; nous nous indignons des erreurs, des sottises, des friponneries, dans lesquelles on nous a si long-tems entretenus durant les siecles d'ignorance, de superstition, de troubles & d'anarchie. Nous voudrions pouvoir arracher des fastes de notre histoire ces honteux garans de notre antique imbécillité. Par quelle sorte d'aveuglement se fait-il donc néanmoins qu'avec tant de lumieres d'une part, nous nous entêtions de l'autre à défendre & maintenir encore des usages, des coutumes & des préjugés barbares, qui ne pouvaient tirer leur excuse que de ces mêmes désordres qui les ont d'abord accrédités !

Vers l'époque dont il est question, l'empire romain touchait à son dernier terme. Les profondes secousses, qu'il éprouvait sans cesse tant au dedans qu'au dehors, le dégradaient de jour en jour, & commençaient à le faire chanceler sur ses propres bases. Il s'écroule enfin ce colosse immense, la terreur des nations, & sa chûte encombre l'europe entiere de vastes ruines. Aussitôt un effroyable cahos regne de toutes parts. Il ne s'agit plus ni de provinces, ni de royaumes: on dirait que c'est tout le genre humain, qui se porte en même tems à l'insurrection. Les peuples, égarés tous par un esprit de vertige, ressemblent à des esclaves nouvellement échappés de leurs fers, & d'autant plus embarrassés de la liberté, qu'ils n'avaient jamais eu l'habitude d'en jouir. Ils cherchent, ils s'agitent, ils se heurtent, ils divaguent en masse dans une fluctuation perpétuelle. Plus de limites, plus de territoires, plus de propriétés nationales; les races, mêlées & confondues ensemble, réunissent, sous un seul & même point de vue, tous les inconvéniens de l'état de nature combinés avec tous les malheurs de l'état social.

L'effet inévitable de ces aggrégations fortuites & simultanées devait être un composé vraiment monstrueux d'idiômes dissonans, de mœurs disparates, d'institutions éthérogenes, & de pratiques inconciliables entre elles. Mais le pire de tous les maux, est que les loix les plus douces & les plus sages étaient précisément celles qui convenaient le moins à des situations aussi forcées: & quand le goût de ces grossieres peuplades ne les eût pas entraînées de préférence vers les moyens extrêmes, on ne sait si la violence n'était pas le seul frein qu'on pût employer dans un ordre de choses, assis sur le désordre même, & dont toutes les parties, opposées les unes aux autres, n'avaient entre elles d'autre jeu qu'un mouvement alternatif de choc & de répulsion. L'art de la guerre était le point central de toutes les pensées, & le régulateur universel de toutes les circonstances. Les relations extérieures étaient *une guerre ;* les divertissemens & les fêtes étaient *une guerre ;* l'administration de la justice distributive était *une guerre.* Il semble, quoi qu'on fut alors plutôt brutal que belliqueux, que chacun desirât les résistances comme autant d'occasions de vaincre, & de se rendre à soi-même le témoignage superbe de sa force. La théorie morale & législative n'embrassait en quelque sorte que les organes matériels de notre être. Chez ces hommes, tout de chair & de sang, & presque réduits à l'animalité, les talens, les vertus étaient devenus palpables : ils les faisaient consister dans le mérite des muscles & des fibres. A leurs yeux, le plus robuste passait pour le plus raisonnable, le plus adroit pour le plus innocent, & le plus heureux pour le plus juste. Ouvrez ensuite leur code pénal ; voyez, d'un côté, l'indécente énumération de toutes les parties du corps humain ; & de l'autre, le tarif plus scandaleux encore des diverses blessures. On savait le *prix fixe*, d'après lequel on pouvait attaquer son ennemi, lui couper une main, lui caſſer une jambe, lui crever un œil, & lui briſer tel os de la tête. Un citoyen, à l'aide de ces épouvantables *compoſitions*, ſe vendait en détail; on le débitait piece à piece; & c'était le légiſlateur même, qui faiſait habituellement ce commerce inoui! Tel était, en un mot, le ſort de ces Colonies, que, faute de connaître les premiers élémens du gouvernement politique, elles ſe tourmentaient mille fois plus elles-mêmes pour ſe tenir dans une apparente indépendance, que Rome ne l'avait jamais fait pour les tenir dans une véritable ſervitude.

Voilà pourtant quels furent les fondateurs du duel en France! Chez les habitans du Nord qui nous l'apporterent, ce crime n'en était pas un: il avait au contraire toute la dignité d'un moyen légal. Le même uſage s'obſerva d'abord parmi nous. Dans un tems où les juges n'avaient aucun uſage de l'écriture, & ne voyaient que par les yeux du corps, les preuves conſiſtaient preſque toutes en épreuves. Repréſentons-nous aujourd'hui ces magiſtrats occupés de l'examen d'un procès, & finiſſant, pour éclairer davantage leur religion, pour prononcer d'un ton grave l'un de ces jugemens préparatoires:

DISONS, *avant faire droit, que les parties ſe battront en champ clos, ſoit par elles-mêmes, ſoit par les champions qu'elles voudront choiſir.* — Ou bien; *que l'accusé mettra le bras dans l'eau bouillante, jusques au coude. — Qu'il sera plongé dans l'eau froide. — qu'il portera, durant l'espace de cinquante pieds, un fer rouge, avec la main nue. — Qu'il sera tenu d'avaler à la fois un morceau de pain d'orge & de fromage de brebis, de telle grosseur........... pour être ensuite par nous décidé, ce que de raison......!*

La méthode qui consistait à chercher la vérité dans ces sortes d'épreuves s'appellait *ordalie*, du mot saxon *ordall*, qui signifie purgation. Ces absurdes interloculoires, que l'on respectait au point de les nommer *jugemens de Dieu*, n'auraient sans doute pas subsisté pendant tant de siecles, si, dans tous les tems, & d'un bout du monde à l'autre, les prêtres, cabalistiques nés, ne s'étaient pas toujours montrés très-attentifs à perpétuer l'ignorance & les erreurs des peuples, qu'ils feignent d'instruire. Les ordalies étaient accompagnées de cérémonies ecclésiastiques. Il y avait les exorcismes de l'eau & les exorcismes du feu. Avant d'aller au combat, les athletes observaient de communier à l'église; & le vainqueur y rentrait bientôt pour remercier Dieu de son triomphe, levant au ciel des bras rouges encore du sang de la victime qu'il venait d'immoler. Les ministres de la religion la plus consolante & la plus pure se faisaient, dans leur avidité sacrilege, un riche patrimoine des miracles ; ils perſuadaient aux fideles que l'être ſuprême devait en accorder à chaque inſtant pour la cauſe de l'innocence, ou pour le ſuccès du bon droit. Remarquez bien d'ailleurs que les combats ſinguliers entre deux individus, n'étant qu'une analyſe de la guerre entre deux nations, il était facile d'induire à croire que le Dieu des armées devait par ſuite être le Dieu des duels. *Dans l'ordre de la force*, le ſeul qu'on puiſſe appercevoir ici, malgré le pieux galimathias des ſcolaſtiques, l'analogie ne ſaurait être plus complette, & dès-lors l'admiſſion d'un point devait évidemment entraîner l'admiſſion de l'autre (1).

---

(1) On ne ſera peut-être pas fâché d'avoir quelqu'idée du cérémonial que l'égliſe employait pour l'ordalie du feu, par exemple. On va voir combien les prêtres étaient ingénieux à conſacrer ces extravagances.

On jeûnait trois jours. On béniſſait l'endroit où l'expérience devait ſe faire. On béniſſait le feu. On béniſſait le fer. On diſait la meſſe pendant qu'on le faiſait chauffer. Avant de donner à communier à celui qui devait ſubir l'épreuve, le célébrant l'interrogeait & l'adjurait ainſi :

Adjuro te per patrem, & filium, & ſpiritum ſanctum, & per veram chriſtianitatem quam ſuſcepiſti, & per ſanctas reliquas quæ in iſta eccleſia ſunt, & per baptiſmum quo te ſacerdos regeneravit, ut non præſumas ullo modo communicare,

Le duel avait lieu dans l'origine pour toutes les affaires civiles & criminelles. Du tems de Saint

---

neque accedere ad altare, si hoc fecisti, aut consensisti, &c.

En donnant ensuite á communier, on disait : *Corpus hoc & sanguis Domini nostri Jesûs Christi, sit tibi ad probationem hodiè.*

Après beaucoup d'autres prieres, venait cet *Oremus*, où l'on avait rassemblé tout ce qui pouvait paraitre faire autorité :

Deus qui per ignem, signa magna ostendens, Abraham puerum tuum de incendio Chaldæorum, quibusdam pereuntibus eruisti; Deus qui rubum ardere ante conspectum Moysis, & minimè comburi permisisti; Deus qui incendio fornacis, Chaldaicis plerisque succensis, tres pueros tuos illæsos eduxisti; Deus qui incendio ignis populum Sodomæ involvens, Loth famulum tuum cum suis salute donasti; Deus qui in adventu Spiritûs sancti tui, illustratione ignis, fideles tuos ab infidelibus decrevisti,

Ostende nobis, in hoc pravitatis nostræ examine, virtutem ejusdem Spiritûs, &c.

Et per ignis hujus fervorem discernere fideles & infideles, ut à tactu ejus, cujus inquisitio agitur, conscius exhorrescat & manus ejus comburatur, innocens verò penitûs illæsus permaneat, &c.

Deus cujus notitiam nulla unquam secreta effugiunt, fidei nostræ tuá bonitate responde, & præsta ut quisquis, purgandi se gratiá, hoc ignitum tulerit ferrum, vel absolvatur innocens, vel rei noxius detegatur, &c.

On jettait ensuite de l'eau bénite sur le fer, en disant : *Benedictio Dei patris, & filii, & spiritûs sancti descendat super hoc ferrum, ad discernendum rectum judicium Dei.*

Et mox, ajoute le protocole, *accusatus ad novem pedum mensuram ferrum perferat.*

Louis, quand la dette excédait *douze deniers*; & du tems de Louis le jeune, quand elle excédait

---

Hujus denique manus, sub sigillo triduum tegatur; & si sanis crudescens in vestigio ferri reperiatur, culpabilis ducatur; sin autem mundus extiterit, laus Deo referatur.

Houard, anciennes loix des Français, ou additions aux remarques sur les coutumes anglaises, recueillies par *Littleton*, tom. 2., pag. 457.

J'ajoute que ces épreuves étaient beaucoup plus anciennes qu'on ne le pense généralement. Voyez dans les *nombres*, chap. 5, n. 12 & suivans, & dans le *deuteronome*, chap. 22, n. 13 & suivans, de quelle maniere on s'y prenait dès-lors, pour reconnaître si une femme était vierge quand elle s'était mariée, ou si depuis elle était devenue coupable d'adultere.

Ne peut-on pas dire aussi que les *augures*, les *aruspices*, les ichthyomanciers, *les oracles*, *les sibilles* étaient encore des experts en ordalies?

Montesquieu, dont les idées d'ailleurs ne sont pas moins aristocratiques sur la question du duel, que sur beaucoup d'autres, Montesquieu prouve, dans son esprit des loix, liv. *28*, chap. *18*, tom. *3*, pag. 309 & suivantes, que c'est encore à l'ambition du clergé qu'on doit, en un autre sens, la grande extension du combat judiciaire.

Enfin pour nous convaincre que toutes ces épreuves & même beaucoup d'autres ont eu lieu *dans les quatre parties du monde*, & singuliérement chez les peuples ignorans & superstitieux, voyez *l'esprit des usages & des coutumes des différens peuples*, tom. 2, chap. *9 du Duel*, pag. *64*. — & tom. *3*, liv. *14 des Epreuves*, pag. *149*.

cinq

cinq ſols, on avait également recours au combat judiciaire. Beaumanoir chap. 63 pag. 325. — Chartre de Louis le jeune de l'an 1168, dans le recueil des ordonnances. — Si l'on n'obéiſſait pas au juge, il pourſuivait ſon offenſe. A Bourges, ſi le prévot avait mandé quelqu'un, & qu'il ne fut pas venu : « Je t'ai envoyé chercher, diſait-il, tu as dédaigné de venir; fais-moi raiſon de ce mépris » ; & l'on combattait. Montequieu, eſpr. des loix, liv. 23, chap. 19, p. 319, tom. 3. — Le duel était encore admis entre le juge & les parties, quand celles-ci *fauſſaient ſon jugement*, c'eſt-à-dire, ſoutenaient qu'il était faux & mal rendu. Ce qu'on appellait *grande querelle*. « Nul juge, diſait-on, ne doit tenir à injure, ſi l'on appelle de ſa ſentence & de ſon jugement, ſoit en grande querelle, ſoit en petite ». Etabliſſemens de Saint Louis, liv. 1, chap. 81. — Le combat judiciaire avait également lieu entre une des parties & l'un des témoins, quand l'une accuſait la véracité de l'autre. Beaumanoir, chap. 61, pag. 315.

Bruneau, en ſes matieres criminelles, premiere part. tit. 27, pag. 281. et ſeconde part. tit. 11, pag. 375, rapporte deux traits, qui prouvent encore mieux juſqu'où le délire était pouſſé. Les voici :

Grandes diſputes en France entre les docteurs

fur la queftion de favoir fi la repréfentation doit être admife en fucceffions directes & collatérales. Après force argumentations, on finit par s'en rapporter au combat des deux meilleurs champions qu'on put trouver, & qui fe battirent l'un pour, l'autre contre. Celui qui défendait l'affirmative ayant été le vainqueur, l'empereur *Othon I* fit auffitôt un édit conforme, cité liv. 4 des recherches de la France, chap. 1 & 20. — Autres débats entre le pape *Grégoire VII*, & *Alphonfe*, roi d'Efpagne, fur l'introduction d'un nouveau bréviaire dans le diocefe de Toléde. Choix de deux chevaliers. Combat. Le champion du roi, qui fe battait pour la confervation de l'ancien bréviaire, demeura vainqueur, & le nouveau ne fut pas reçu dans Toléde. *Vafoeus in chronico hispaniæ.*

Perfonne n'ignore au refte que *les jugemens de Dieu* n'étaient exemps ni d'impofture, ni de corruption. Il y avait de prétendus nécromanciers qui, foit avec le fecours de la Botanique, foit par tout autre procédé non moins naturel, vendaient *à qui pouvait les payer* le fur moyen de manier impunément un fer chaud, & de fortir victorieux de toutes les expériences (1). Lorfque

---

(1) Je ne fais, dit Bruneau, pag. 374, fi les Grecs avaient la pierre *pantarbe*, qui a la vertu d'arrêter

dans un crime capital le combat se faisait par champions, on mettait les parties dans un lieu d'où elles ne pouvaient voir la bataille. Chacune d'elles était ceinte de la corde qui devait servir à son supplice, *si son champion était vaincu.* (2). Mais un champion était-il plus incorruptible que des témoins? Ne pouvait-on acheter l'adresse, le courage & la droiture de celui qui faisait un pareil métier? Qui ne sent que la fraude & la partialité trouvaient, dans le choix des épreuves, tous les moyens possibles de se jouer de la simplesse & de la bonne foi?

Ainsi les délits & les peines, les preuves & les jugemens, tout portait un caractere commun de férocité. Les parties & les témoins, les accusés & les champions, les magistrats & les prêtres, tous freres dans leurs discours, & tous miséricordieux dans leurs oraisons, n'en exerçaient pas moins, sous les titres augustes de sacerdoce & de pouvoir judiciaire, une profession ouverte de

---

l'activité du feu. Mais j'ai vu à la Foire St-Germain, un Saltimbanque anglais, nommé Richard, qui se lavait les mains dans du plomb fondu, & qui faisait rôtir sur sa langue du foie avec du charbon en feu, & avalait cela ».

(2) Beaumanoir, chap. 64, pag. 330. Montesquieu, liv. 28, chap. 24, tom. 3, pag. 331.

meurtres & de cruautés. Ne ſoyons donc plus ſurpris de ce que le duel a parmi nous de ſi profondes racines, puiſque la religion, les loix & les tribunaux prirent alors ſoin eux-mêmes de former l'affreux ciment, qui l'incruſta dans nos mœurs originaires.

A peine le cahos politique dans lequel l'Europe avait été plongée depuis la chûte de l'Empire romain, commençait-il à ſe débrouiller, que la féodalité, fléau plus méthodique & plus durable, étendait ſon deſpotiſme de toutes parts, & ramenait de nouveaux déſordres. Quelques rayons de lumieres firent abandonner peu-à-peu l'épreuve en champ clos, comme acte d'inſtruction juridique. Mais à meſure que le duel ſemblait s'écouler des tribunaux ordinaires, & qu'on l'interdiſait aux ſimples plébéïens, les ſeigneurs & les nobles le recueillaient comme un privilege diſtinctif de leur ſuprématie; & l'uſage que les loix & la religion avaient déjà conſacré parmi nous, s'y naturaliſa plus que jamais, lorſqu'il fut embelli de mille couleurs que lui prêterent à l'envi la vanité, l'idolâtrie des rangs, l'opulence, & l'autorité purement arbitraire. Que pouvait alors la juſtice? Elle était aux gages des patriciens qui la rendaient eux-mêmes, ou la faiſaient répondre à leur gré par l'organe de leurs valets. Au lieu d'un ſeul poids, elle en avait cent différens, ſelon les divers caprices des faquins qu'elle avait à ſervir.

Nos bons & francs ayeux n'avaient fait, hélas! que changer de calamités! A l'irruption déſaſtreuſe *des oſtrogoths*, *des huns*, *des theuringes*, *des allobroges*, *des chamages*, *des gipedes*, *des caïbons*, *des vandales & des quades*, avait ſuccédé ſoudain l'invaſion non moins barbare *des princes*, *des ducs*, *des marquis*, *des comtes*, *des barons*, *des baronnets*, *des chevaliers*, *des châtelains*, qui tous avaient chacun leur couronne particuliere. Joignez à cela le renfort *des ſectaires*, *des moines*, *des fanatiques*, *& des viſionnaires*, *tant indigenes qu'ultramontains :* coalition la plus formidable qui jamais ait exiſté ſur la terre, puiſque non contente d'avoir dégradé tout un peuple de la ſainte qualité d'hommes, & de nous avoir à-la-fois ravi liberté, raiſon, honneur & biens, elle faiſait, dès cette vie, perſévéramment ſubir aux conſciences éperdues tous les ſupplices, qui ne ſont réſervés dans l'autre qu'aux méchans. Quand on ſonge que la tyrannie combinée des nobles & des prêtres a duré le même tems que l'Empire français; quand on voit dans l'hiſtoire ces deux caſtes liguées enſemble prendre maintes & maintes fois les armes *contre leur prétendu ſouverain*, envahir effrontément la plus belle partie de ſes prérogatives, détrôner, berner, chaſſer les rois Childéric III, Louis-le-Débonnaire, Charles-le-Chauve, & même en faire lâchement aſſaſſiner pluſieurs autres; quand on conſidere que toutes nos guerres extérieures n'ont pas attiré ſur la nation & ſur ſon chef la moitié des humiliations, des outrages, des maux & des horreurs, que l'on doit à ces deux ordres qui ſe croyaient immortels; quand on obſerve qu'aujourd'hui même encore, tandis qu'ils balbutient, dans l'impuiſſance de leur rage, les mots fallacieux de *ſcrupule* & de *royaliſme*, ils ne ceſſent de calomnier le monarque, & d'appeller le fer & la flamme ſur le domaine entier de la patrie...... Juſte ciel! l'indignation...... la vengeance...... Ah! que dis-je? il faut, d'un concert unanime, leur voter des actions de graces. Ils briſent de leurs propres mains le perfide taliſman qui nous faſcinait les yeux. Préférerions-nous qu'ils euſſent ſu s'ajuſter aux circonſtances? Tout ſerait perdu ſans retour, ſi, plus habiles dans la magie de leurs anciens calculs, ils avaient affecté les dehors du civiſme, & la libéralité du déſintéreſſement. Mais revenons à notre ſujet.

De toutes les cauſes de la perpétuité du duel, la plus immédiate eſt inconteſtablement le ſyſtême *de la chevalerie.* C'eſt peut-être même la ſeule qui l'ait produit & conſervé ſi long-tems.

Les chevaliers connus chez les Romains, le furent auſſi chez les Germains & chez les Gaulois. Dès l'origine, ils ſervirent en France *d'adjoints* aux juges dans tous les différends ſuſceptibles d'être vuidés en champ clos. Ils virent enſuite que la juſtice était ſouvent ambulante; ils ſe mirent eux-mêmes à courre le pays, ſous le prétexte d'être ça & là les redreſſeurs de torts. Fiers de ſinger les *Hercule* & les *Théſée*, nos paladins s'arrogeaient, dans leur ſouveraine indépendance, une juriſdiction univerſelle. De quelque côté que le haſard conduiſit leur palefroi, les habitans étaient juſticiables de leur lance & de leur épée. Il n'était beſoin ni de citation, ni d'inſtance préliminaire. Comme la plupart de ces vagabonds ferrailleurs étaient des vauriens titrés, qui ſe dévouaient au brigandage du *domquichotiſme*, quand ils avaient dilapidé leur fortune, le premier qui pouvait appaiſer leur eſtomac famélique, avait toujours ſeul raiſon contre tous ceux qu'il lui plaiſait d'inquiéter. Chacun n'était pas en état de jetter ou de relever les gages de bataille. Il fallait obéir à la force.

Les tournois & les joutes entretinrent de plus en plus ces habitudes ſanguinaires, par le relief que la bravoure & l'eſprit de galanterie ſe communiquerent reſpectivement. A cette époque, où tout le peuple Français était preſque réduit à quelques poignées de courtiſans & de gentillâtres, les carrouſels furent les dernieres images des fêtes nationales uſitées chez les vieux Gaulois : avec cette différence néanmoins qu'autant celles-ci, deſtinées pour des hommes, furent ſimples & modeſtes dans leur parure, autant les autres, diſpoſés pour les femmes, étalerent de luxe & de magnificence.

Le bien & le mal ſe touchent de trop près dans les mains des faibles mortels ! En effet, ſans parler des chimeres de la féerie, ni des rians menſonges de nos deſcriptions romancieres, eſt-il aucun ſpectacle qui porte à nos cœurs de plus douces émotions, que ceux qui nous retracent le cérémonial de l'antique chevalerie ? Nos ames, toutes blazées qu'elles ſoient aujourd'hui, ſemblent s'aviver à ces ſcenes enchantereſſes, & reprendre auſſi-tôt la premiere énergie du ſentiment. Qu'était-ce donc ſous le regne brillant de François Ier ? Tranſportons-nous au jour où ce prince, après avoir cueilli les lauriers de Marignan, deſcendit du char de la victoire au rang de Candidat, pour y briguer l'honneur d'être reçu chevalier par le héros ſans reproche & ſans peur. Quel admirable tableau ! Eſt-ce le courage, eſt-ce l'amour qui préſide à cette charmante réunion des meilleurs guerriers avec les diverſes beautés de la cour & de la ville? La ſéduction pénetre par tous les ſens. L'élégance des coſtumes, le mélange aſſorti des deux ſexes, le bruit harmonieux des fanfares, la vibration des armes & des trophées, attirent tour-à-tour les regards du ſpectateur, & le plongent dans une généreuſe ivreſſe. Chacun ſuit avec avidité tous les détails qu'offre le rite impoſant de cette eſpece de culte militaire, & chacun brûle de dérober l'accolade que Vénus & Mars promettent à l'heureux récipiendaire.

Les champs clos, réſervés alors au duel entre les ſeigneurs, préſentaient à-peu-près les mêmes ſolemnités & les mêmes décorations que les tournois, & de part & d'autre on perdait également la vie. L'aſſemblée n'était pas moins magnifique au parc de saint-Germain, lorſque Chabot de Jarnac ſe vengea de la Châteigneraie, que quand Henri II fut bleſſé mortellement par Gabriel de Mont-Gommery, rue saint-Antoine. Les petites maitreſſes, dont la délicate ſenſibilité ne peut ſupporter aujourd'hui le combat du taureau, faiſaient jadis aſſaut de diligence & ſe diſputaient les places, dès qu'il s'agiſſait de voir un pere en poignarder un autre en bonne compagnie. Pouvait-on, au reſte, moins attendre de leur zele? elles dirigeaient à leur gré le cours de l'opinion générale. Suprêmes diſpenſatrices des faveurs en tout genre elles prodiguaient à leur fantaisie le myrthe & le laurier aux preux qu'elles daignaient honorer de leur bienveillance. La querelle de Bayard & de Soto-Mayor était encore un exemple qui devait avoir une foule d'imitateurs. Enfin le roi ne se contentait pas d'accorder pour les duels la permission qu'il fallait lui demander ; il s'y trouvait souvent lui-même avec toute sa pompe.

Que conclure de ces observations ? Certes, il en résulte que le caractere du chevalier françois devait être l'ardente combinaison de tous les élémens les plus inflammables. Loin de craindre ou de fuir les affaires, on les desirait au contraire comme autant d'occasions d'acquérir en même-tems gloire, plaisirs, honneurs & fortune, en déployant les ressources du courage sous les yeux attentifs & de sa dame, & de son prince. Aussi les combats étaient-ils presque toujours à outrance ; car qu'importait de survivre à sa défaite, puisque le vaincu ne pouvait plus échapper aux tourmens d'une véritable mort civile ?

Ainsi se cachait sous les plus belles apparences la plaie dangereuse que ces usages insensés faisaient chaque jour à l'état. Ainsi dans ces tems si vantés de la chevalerie, & notamment sous François Ier les mœurs, réduites à leur juste prix, n'étaient qu'un composé monstrueux de fureur & de galanterie, de mollesse & de brutalité, de sibarisme &

de ſpadaſſinage. L'amour du duel n'était plus une paſſion iſolée. C'était l'odieux & vil produit de toutes les paſſions, acérées par tous les intérêts privés. Vainement l'aurore des lettres commençait-elle à paraître en France. Ces rudimens imparfaits n'étaient encore qu'une fauſſe lueur, plus propre à multiplier les écarts qu'à les prévenir, parce qu'ils engendraient une chatouilleuſe ſuſceptibilité, qui rendait tout traité de paix impoſſible entre les diſſidens. La philoſophie ſeule pouvait éclairer les eſprits. Mais depuis pluſieurs ſiecles, elle était bannie de toute la terre. Comment donc ſauver le royaume des deux ennemis oppoſes qui l'aſſiégeaient en même-tems ? Le libertinage & la cruauté ſe prêtaient alternativement un ſecours mutuel ; & l'un ſemblait devoir achever ce que l'autre n'aurait pu faire.

Abîmes impénétrables de l'éternelle providence ! peut-être n'y avait-il d'eſpoir de rompre cette ligue fatale, qu'en voyant arriver une ſecouſſe, qui, ſentie avec force dans toute l'étendue de l'Empire, imprimât aux habitudes un nouveau mouvement, & ſubſtituât de plus grands objets à ceux dont on s'occupait. Le remede fut terrible ! On ne peut, ſans pâlir d'effroi, ſe rappeller tous les flots de ſang que l'on fit couler, ſous prétexte de maintenir la foi de nos peres. Déchirée par mille partis contraires, la France s'affaibliſſait de jour en jour dans cette longue crise. A chaque instant, elle paraissait prête à succomber de douleur & d'épuisement. Mais vaines terreurs, puisées dans le sentiment de notre faiblesse individuelle ! L'Europe la vit, sous Henri IV & sous l'immortel Rosny, se relever plus forte & plus puissante que jamais. Preuve jointe à cent autres que le choc des oppositions intérieures, & les suites des guerres civiles même nuisent beaucoup moins au corps politique que les poisons lents de la dépravation des mœurs. Eh! qui pourrait douter que, lors de la crapuleuse vieillesse de Louis XV, l'état ne touchât encore de plus près à sa dissolution totale que sous Charles IX, lors de la sanglante journée de la St-Barthelemi? Or, après la fin misérable de François I, tout porte à penser que le regne de ses successeurs immédiats n'aurait été que trop conforme à celui de Louis XV, sans la diversion que firent les troubles religieux; & cette anticipation des temps & des choses eût été d'autant plus funeste à la France, que l'on n'avait pas, vers le milieu du seizieme siecle, les grandes lumieres qui rendront le nôtre à jamais mémorable.

Tandis qu'un crêpe funebre couvrait la surface entiere de l'empire, les mœurs devaient nécessairement prendre par-tout une teinte sombre &

farouche. On ne parlait plus désormais que de soupçons, de défiances, de recherches inquisitionnelles. Il n'y avait plus ni repos, ni treve, depuis que les ministres des autels, tenant d'une main l'image du Dieu de paix, & de l'autre agitent les poignards du fanatisme, réussissaient de toutes parts à convaincre les peuples qu'un frere était en conscience obligé d'égorger son frere, si celui-ci n'adoptait pas aveuglément tout ce que l'intolérance erigeait en article de foi. Faut-il que la chaîne des événemens nous fournisse encore ici de nouveaux rapports entre les erreurs des prêtres & les erreurs des duellistes ! Le faux courage s'alimenta sur le champ de cette foule énorme de querelles théocratiques, que la fausse piété vint ajouter aux sujets ordinaires de discorde parmi les mortels. Jamais les combats singuliers n'avaient été si meurtriers, ni si fréquens. Ils étaient, hélas ! la double conséquence de la fèrocité militaire, & de la férocité sacerdotale. On crut devoir faire alors pour son Dieu ce que l'on fit jadis pour ses juges, & ce que l'on faisait nagueres pour sa maitresse.

Le mal était à son comble. Il fallut enfin aviser sérieusement aux moyens d'en arrêter les ravages. C'est ici qu'il convient de fixer sous un même aspect, & de réunir dans un même cadre l'analyse des loix tantôt prohibitives, & tantôt permissives, qui nous ont été transmises sur le duel.

Quant à la puissance ecclésiastique, depuis le concile de Valence, tenu l'an 855, can. 12, jusqu'au concile de Trente, commencé l'an 1545, & fini l'an 1563, elle n'a cessé de s'élever & contre les combats judiciaires, & contre les duels. Les papes Jules II, Léon X, & Grégoire XIII, le firent d'une maniere plus particuliere encore en 1505, 1508, 1519 & 1582. Censures, amendes, excommunications, interdits, privation de la sépulture sainte, Rome usa tous les foudres du Vatican. Mais cette prodigalité d'anathêmes n'eut aucun succès. On s'en rapporta plus à l'exemple qu'au précepte. On ne concevait pas que l'église pût proscrire aujourd'hui ce qu'elle autorisait & pratiquait hier. *On n'avait point oublié* que les évêques & les prêtres avaient fait la guerre sous le nom de leurs vidames & de leurs avoués, & qu'ils s'étaient eux-mêmes très-personnellement & très-chaudement battus, tant pour raison de leurs fiefs, que pour la défense de leur temporel. *On n'avait point oublié* le nouveau bréviaire de Tolede. *On n'avait point oublié* que, suivant le concile tenu l'an 1082 à l'Illebonne en Normandie, les clercs pouvaient accepter & provoquer le duel. *Si clericus duellum*, SINE EPISCOPI LICENTIA, *susceperit, aut assultum fecerit*, *episcopo perpecuniam emendetur* (1). — C'est en 1547, c'est-à-dire, durant les sessions mêmes du concile de Trente, que Jarnac & la Chateigneraie se battirent avec la permission & sous les yeux de Henri II.

Examinons maintenant quelle fut la conduite de la *puissance temporelle.*

Par une ordonnance de l'an 1260, saint Louis abolit le combat judiciaire dans les tribunaux de ses domaines. Mais il ne put le détruire ni dans les cours de ses barons, ni dans les provinces que son ayeul, Philippe Auguste, avait conquises (2).

En 1303, Philippe-le-Bel, que l'on appellait encore *le faux Monnoyeur*, parce qu'il altera les monnoyes, & vola les peuples par toutes sortes de stratagêmes, Philippe-le-Bel suspendit plutôt qu'il ne défendit l'usage du duel, pour le seul tems que dureraient ses propres guerres. *Provocationes ad duellum, & gagia duellorum recipi*

(1) Usage général des fiefs en France, par *Brussel*, tom. 1, liv. 2, chap. 3, pag. 145 & 146, & tom. 2, liv. 3, chap. 18, pag. 968.

(2) *Idem*, tom. 2, pag. 983. — Montesquieu, liv. 28, chap. 28, tom. 3, pag. 357.

vel admitti, ipsa que duella fieri vel iniri, *DURANTIBUS guerris nostris, expressiùs inhibemus*. — Par autre ordonnance de 1306, le même prince révoqua celle de 1303, & décida qu'à défaut de preuves, on admettrait le duel, en matieres criminelles, pour *homicide*, *trahisons*, *maléfices*, *&c.* excepté pour le larcin. VOULONS que, en défaut d'autres points, celui ou ceux qui par indices ou présomptions semblables à vérité, pour avoir ce fait, sont de tels faits suspicionnés, *soient appellés & cités à gaiges de bataille ;* & *souffrons*, quant à ce, *les gaiges de bataille avoir lieu.* — Non-seulement Louis X, son fils, surnommé *le mutin* & *le querelleur*, maintint le combat judiciaire pour tous les délits. Il l'autorisa même pour le larcin en 1315. Ce que l'ancien usage ne permettait pas. VOULONS ET OCTROYONS que, en cas de murtre, *de larrecin*, de rapt, de trahison & de roberie, (vol) *gage de bataille soit ouvert*, *se les cas ne povoient être provés par tesmoings* (1).

L'ordonnance de 1306, de Philippe *le faux Monnoyeur*, mérite une attention particuliere. Elle paraît avoir été le principal type des tour-

(1) Brussel, *loco citato*, tom. 2 ; pag. 984 & suivantes.

nois & des duels ſolemnels qui ſe firent dans la ſuite. On y preſcrit la formule pour demander en jugement le duel ; comment le défendeur ſe comportera ; la maniere d'admettre les gages de bataille ; les trois cris & les cinq défenſes à faire par le héraut d'armes ; les requêtes & proteſtations des deux champions à l'entrée du champ ; la poſition des échafauds, des lices du champ, du ſiege de la croix, & les pavillons des deux champions ; les *trois ſermens* à prêter par chacun d'eux ; en combien de manieres le *gage de bataille* ſera reputé *outré* ; & quelles choſes apportées au champ par le vaincu appartiendront *au connétable ou maréchal du champ* (1).

---

(1) Voici l'un des trois ſermens :

« Je *tel*, appelant, jure ſur cette vraie figure de la paſſion de notre Seigneur Dieu Jeſus-Chriſt ; ſur la foi de baptême que je tiens comme vrai chréten ; ſur mon vrai Dieu ; ſur les très-ſouveraines joies du Paradis, leſquelles je renonce pour les très-angoiſeuſes peines de l'enfer ; ſur mon ame ; ſur ma vie ; & ſur mon honneur,

« Que j'ai & cuide avoir bonne, juſte & ſainte querelle de combattre *ce faux & mauvais traitre*, *meurtrier*, *parjure & foi mentie*, ſelon le gaige, tel que je vois par ci-devant moi, & tiens par la main ;

« Et de ce j'en appelle Dieu à mon vrai juge, Notre-Dame, & monſeigneur St-Georges, le bon chevalier ;

Philippe-le-Bel mit dans ces épreuves, qui devaient n'être qu'une cérémonie lugubre, tant d'appareil, tant de dignité martiale, tant de mesure & tant de nombre qu'elles devinrent un majestueux spectacle, qu'on aurait voulu voir répéter tous les jours. Aussi ne trouve-t-on point que, depuis 1315 jusqu'en 1566, nos rois aient fait aucun réglement nouveau sur les batailles; de sorte que si le duel, pendant cet intervalle *de plus de deux siecles*, ne fut pas toujours usité comme preuve en matiere criminelle, au moins fut-il toujours reçu comme instrument des vengeances individuelles. C'est dans ce même tems intermédiaire, que l'on se passionna plus que jamais pour les carrousels; & pour la chevalerie.

» Et por ce loyaument faire, par les sermens que je ai faits, je n'ai ne entends porter sur moi, ne sur mon cheval, *paroles*, *pierres*, *herbes*, *charmes*, *chartois*, *conjurations ne compactions*, *invocations d'ennemis*, ne nulle autre chose, où je aie espérance que il me puisse aidier, ne à lui nuire, ne ai recor que *en mon bon droit par mon corps, par mon cheval & par mes armes*;

» Et sur ce je baise cette vraie croix, *& me tais* ».

L'adversaire en disait ensuite autant. Quel abus de la religion! Cependant la théologie scolastique justifiait tout cela. — La Sorbonne & la Bastille étaient les deux arcs-boutans du despotisme. Tirez-vous-même la conséquence.

L'ordonnance que Charles IX fit en 1566, forme, à proprement parler, le premier anneau de cette chaîne non interrompue de loix, de déclarations, d'édits & d'arrêts, qui se prolongent jusqu'à nous, & qui tous rangent enfin le duel dans la classe *des crimes capitaux* (1)

Qu'est ce que ce code, abrogé de fait, sinon de droit? un dégoûtant assemblage de faiblesse & de sévérité, de despotisme & de bassesse, d'impuissance & de dépit, de chimeres & de réalités. On déclare que le duel est un crime de leze-majesté, qu'il est irrémissible, qu'il est imprescriptible. — Ici l'on défend de se battre sous peine de mort. Le législateur daigne rassurer *sa noblesse qui*, dit-il, *a toujours eu l'honneur plus cher que la vie. Je prends*, ajoutait de plus Henri IV à *ces messieurs*, & cela dans la loi même, *je prends*

---

(1) On entassa loix sur loix, précautions sur précautions; savoir,

Sous Charles IX, en 1566.

Sous Henri IV, en 1602 & 1609.

Sous Louis XIII, en 1611, janvier, mars, octobre 1613; 1614, 1617, 1624 & 1626.

Sous Louis XIV, en 1643, 1651, 1653, 1670, août & décembre 1679, & 2711.

Et *sous Louis XV*, en 1723.

Vient en sus le serment qui, je crois, se fait *à chaque sacre*, de ne jamais pardonner le duel.

ſur moi tout ce qu'on POURRAIT IMPUTER A CEUX QUI L'EXÉCUTERONT, *& refuſeront de ſe battre.* Puis là, diſtinguant entre les petites & les grandes injures, il renvoie dans les tribunaux la pourſuite des premieres; & quant aux autres, il conſent que l'on ſe batte, après toutefois en avoir préalablement demandé la permiſſion, ſoit à lui, ſoit à ſes principaux officiers *militaires.*— Ici Louis XIII prononce, contre les délinquans, dégradation de nobleſſe & d'armes, priſon perpétuelle, peine de mort, confiſcation, privation d'offices, privation de penſions, privation de ſépulture. Si le coupable eſt noble, *il déclare ſes enfans roturiers & taillables pour dix ans. S'il eſt taillable & roturier, il les déclare à jamais indignes d'être nobles*, & de tenir aucune charge royale. Il défend à la reine, il défend aux princes du ſang, il défend aux autres princes, il défend *aux principaux & plus ſpéciaux officiers*, il défend *aux autres ſerviteurs* de faire aucune requête, priere ou ſupplication contraire, *ſur peine de lui déplaire. Il proteſte*, IL JURE par le Dieu vivant de n'accorder *aucune grace derogeante* à quelque perſonne & pour quelque cauſe que ce ſoit. *Il doit ce ſoin à la conſervation de ſon* AUTORITÉ SOUVERAINE, *grandement lézée & offenſée par la licence trop effrénée deſdits combats*..... Vaines menaces! ſermens frivoles! Louis XIII eſt lui-même bientôt après le premier à les enfreindre. De l'avis de sa cour, en faveur de sa sœur la reine de la Grande-Bretagne, il quitte, pardonne, abolit tous les cas & crimes contre ses édits. Il remet les coupables & leurs héritiers en leur bonne fame & renommée, & en leurs biens. Il impose silence à tous ses procureurs-généraux. Il permet *à tous ceux qui auront tué* de prendre de lui lettres particulieres d'abolition. Et ce qu'il y a de plus dérisoire, c'est qu'immédiatement après cette amnistie générale, & dans le cours du même édit, il prononce & rétablit de nouveau presque toutes les mêmes dispositions pénales & les mêmes sermens qu'il vient de mépriser. Il déclare à son chancelier & à tous ses conseilliers *qu'il les tiendra pour prévaricateurs*, si désormais ils consentent à rien de contraire, & manquent de l'avertir, en gens de bien, de ce à quoi il s'oblige par le présent édit. Il déclare à ceux qui refuseront de se battre, *qu'il répute & réputera tels refus pour marques & témoignage d'une valeur bien conduite, digne d'être employée aux charges militaires & plus honorables & importantes. Il promet & jure devant Dieu de les en gratifier très-volontiers, quand les occasions s'en offriront.*

Louis XIV ne fut ni plus avare, ni plus scrupuleux observateur de ces loix & de ces sermens. Il établit cet impartial & rigoureux sénat *du point d'honneur*, dont on connaît les effets admirables! renchérissant sur ses prédécesseurs, il déclara les duellistes criminels *de lese-majeste divine & humaine.* Il voulut que les corps des tués fussent traînés à la voirie, que toutes les maisons des contumaces fussent rasées, & qu'on coupât à certaine hauteur leurs bois de haute futaie. Il ordonna *pieusement* que la totalité des biens des condamnés pour duel appartiendrait aux hôpitaux, *& que leurs femmes & leurs enfans n'y pourraient rien prétendre ni pour leur entretenement, ni pour leur nourriture, ni pour quelque cause que ce soit.* — Il ordonna que les armes des nobles seraient noircies & brisées publiquement par l'exécuteur de la haute justice; qu'ils seraient dégradés de noblesse; *qu'eux & leurs descendans seraient déclarés* ROTURIERS, sans que ni lui, ni ses successeurs puissent ôter la note d'infamie qu'ils auraient justement encourue. « *D'autant*, continue le sultan, *qu'il se trouve des gens* DE NAISSANCE IGNOBLE, *& qui n'ont jamais porté les armes, qui* SONT ASSEZ INSOLENS *pour appeller des gentilshommes*, lesquels refusant de leur faire raison *à cause de la difference des conditions*, ces mêmes personnes suscitent & opposent contre ceux qu'ils ont appellés d'autres gentilshommes; d'où il s'ensuit quelquefois des meurtres *d'autant plus détestables qu'ils proviennent d'une* *cause abjecte*, nous voulons & ordonnons qu'en tel cas d'appel ou de combats, principalement s'ils sont suivis de quelques grandes blessures ou de mort, *lesdits ignobles ou roturiers*, qui seront duement atteints & convaincus d'avoir causé & promu semblables désordres, *soient*, *sans rémission*, *pendus & etranglés*, leurs biens confisqués. Et quant aux gentilshommes qui se seront ainsi battus *pour des sujets & contre des personnes* INDIGNES, nous voulons qu'ils souffrent les peines que nous avons ordonnées contre ceux qui se battent en seconds ». (1) Il fit de plus faire par son tribunal des maréchaux de France un réglement sur les diverses satisfactions & réparations d'honneur. On y voit que beaucoup

---

» (1) Se chevalier ou escuyer appelle homme de *poote*, il s'y combat á pied, armé en guise de champion, aussint coume li homme de poote. Car, *parce que* IL S'ABAISSE A APPELEE SI BASSE PERSONNE, *sa dignité est ramenée* en cel cas à fere armure, comme chil qui est appellé de son droit : *& moult serait cruelle chose, se li gentilshous appelait un homme de poote, & il avait l'avantage du cheval & des armures.*

» Se li homme de poote appelle gentilshoume, il *se combat à pié* en guise de champion ; *& li gentilshoume à cheval, armé de toutes armes* » Beaumanoir, chap. 60, pag. 308.

« Les gentilshommes se battaient entre eux à chede gentilshommes *s'étaient ſolemnellement obligés par écrit de refuſer toutes ſortes d'appel, & de ne jamais ſe battre en duel pour quelque cauſe que ce fût.* On y détermine ce que l'offenſé pourra prétendre dans les différens cas. Et dans toutes les offenſes de coups de main, de bâton, ou autres ſemblables, *outre les punitions & ſatisfactions preſcrites*, on pourra, dit-on, obliger l'offenſé de châtier l'offenſant par les mêmes coups qu'il aura reçus.

Louis XV n'a preſque rien ajouté ſur le duel aux loix qui furent faites par ſes prédéceſſeurs.

Telles ſont les précautions que l'on a ſucceſſivement priſes depuis plus de deux ſiecles, pour faire haïr & diſparaître les combats ſinguliers. De quel ſuccès tous ces efforts ont-ils été couronnés ! Dans cette lutte éternelle du deſpotiſme royal avec le deſpotiſme ſeigneurial, le premier a par-tout ſubi la honte d'être inceſſamment

---

val, & la viſiere de leur caſque baiſſée. Les villains ſe battaient à pied, & le viſage découvert ». Monteſquieu, tom. 3. chap 20, pag. 321.

De quel côte trouvez-vous plus de courage & de loyauté? l'inſolence & la lâcheté ſe quittent rarement.

vaincu par l'autre ; & les efclaves font enfin parvenus à forcer leur maître au filence.

Qui pourrait au furplus reconnaître les facrés caracteres de la loi dans les ordonnances, que nous venons de parcourir? *Des loix!* ce ne font que des ordres arbitraires, proclamés par la tyrannie, & qui portaient avec eux-mêmes l'invitation à la défobéiffance. Il eft clair que la diftinction puérile entre *les ignobles* & *les nobles*, *les dignes & les indignes*, *les gentilshommes & les abjects* devait être pour les privilégiés un nouveau motif de demeurer feuls arbitres de leur *honneur*. Pouvaient-ils décemment en commettre le foin précieux à ces tribunaux vulgaires, qui fouvent n'étaient peuplés que de *roturiers*, *de vilains & de manans?* Il eft impoffible que ceux qui trouvent dans un préjugé des titres quelconques de prééminence & de fupériorité, ne foient pas très-jaloux de le maintenir. Or, tous les réglemens fur le duel s'accordent à fuppofer qu'un patricien eft d'une trempe & d'une fenfibilité plus exquifes que celles des autres hommes; on careffe fon orgueil féodal; on compofe avec fon arrogance héréditaire. Que s'enfuit-il? il fe croit toujours à ces tems de l'ancienne anarchie, fur laquelle on ne ceffe de ramener fon attention, & dès-lors il ne reçoit plus de confeil que de la brutalité de fes ayeux. Les délits deviennent enſuite ſi nombreux & ſi communs, qu'il faut, bon gré malgré, les laiſſer impunis. Voilà l'infaillible deſtinée de toutes ces ordonnances, que les tyrans publient avec tant de fracas. Empoiſonnées dans leur ſource, elles doivent être incertaines & précaires dans leurs effets. Ce n'eſt point en bâtiſſant une juſtice humaine & conventionnelle, deſtructive de la juſtice immuable; ce n'eſt point en imaginant une ſageſſe ſans moralité, des principes ſans rectitude & des édits ſans baſe & ſans bonne foi, que l'on imite les auguſtes décrets d'un légiſlateur impartial. Loin d'obtenir une ſoumiſſion permanente, on ne fait qu'enhardir à la révolte & ceux que l'on favoriſe par foibleſſe, & ceux que l'on humilie par impudence.

J'interroge les annales de vos tribunaux. Je me perſuade d'avance qu'elles doivent être remplies de jugemens rigoureux contre cette multitude incalculable de réfractaires, qui ſe ſont publiquement abandonnés à toutes les fureurs du duel. Quelle eſt maſotte crédulité ! ſi l'on en excepte quelques ſpadaſſins obſcurs, à l'égard deſquels vos magiſtrats ont, de loin en loin, plutôt fait preuve de charlataniſme que d'attachement aux loix, on n'apperçoit, dans vos regiſtres criminels, aucun exemple de ſévérité notablement prononcée contre ceux qu'il importait le plus de punir. La pitié ſe mêle à l'indignation, quand ici l'on compare ensemble les sermens du prince & l'allure de ses *ci-devant cours*, prétendues conservatrices de l'ordre public. C'est au fond une comédie déplorable, où les menaces les plus effrayantes, accolées à de larges protestations de zele & de sollicitude, se terminent tout à coup par une tolérance excessive, & par la plus complette incurie sur les droits & la sureté personnelle des citoyens, que l'on a juré de défendre.

Le désespoir du sage est de penser que des mortels, qui prétendent à l'estime, aient besoin de loix pour les empêcher de s'entre-égorger gratuitement. On conçoit à peine que, dans le tableau des diverses *modes* que le caprice a créées, on puisse y découvrir *celle de se tuer les uns les autres de sang-froid*, & qu'elle ait même des sectateurs beaucoup plus constans que n'en ont celles de se vêtir & de se parer (1). Sous l'empire de la nature, chacun est fidele à cet instinct tutélaire, qui fait, à tout ce qui respire, horreur de sa propre destruction. Dans l'état social, au contraire, l'homme dépravé joue son

---

(1) Le duel, dit la Bruyere, chap. de la mode, tom 2, pag. 515, est le triomphe de la mode, & l'endroit où elle a exercé sa tyrannie avec plus d'éclat. Cet usage a attaché de l'honneur & de la gloire à une action folle & extravagante.

repos, sa santé, son bonheur & sa vie comme il joue son argent & sa fortune. *On a vu*, vers la fin du dernier siecle, des gens faire de longs voyages pour aller se battre en pays étrangers, soit à l'épée, soit au pistolet, soit à pied, soit à cheval, soit tête à tête, soit plusieurs contre plusieurs, sous prétexte qu'étant hors du royaume ils n'étaient plus soumis aux loix françaises. Ignobles & nobles, militaires & citadins, officiers & soldats, régiment & régiment, de toutes parts *on a vu* les membres d'une seule & même nation consacrer les loisirs de la paix à se mettre en pieces, avec des transports de rage & de barbarie, qu'on semble n'avoir à craindre que dans le sac & dans le pillage d'une ville aux abois. *On a vu* qu'après la mort d'un des combattans, ses parens, ses amis, quelquefois de simples amateurs reprenaient de suite la même querelle, & d'un seul assassinat en faisaient naître vingt différens. *On a vu* des femmes, *on a vu* de jeunes demoiselles, oubliant la faiblesse de leur âge & la timidité de leur sexe, assister à ces massacres, proposer & recevoir elles-mêmes des cartels, se battre à outrance, & rester sur le champ de bataille, les unes pour leurs amans, les autres pour des disputes de blason, les autres par pure rodomontade. *On a vu* des forcenés se lier l'un à l'autre, chacun par une jambe, ou s'incarcérer tous les deux dans une futaille, & se ménager ainsi l'affreuse certitude de se poignarder, de se déchirer, de se dévorer & de boire mutuellement jusqu'à la derniere goutte de leur sang!

Magistrats parricides! despotes impitoyables! quelles peuvent être vos excuses? De quel droit osez-vous dire que c'est une calamité sans remede? Prouvez-nous que jamais vous ayez sérieusement employé celui qne la loi confiait à votre vigilance. Où sont vos efforts? où sont vos travaux? Quel coupable illustre avez-vous eu le courage de poursuivre, & de dévouer au salut public? C'est donc moins à la nature du crime qu'à votre lâche partialité, que l'on doit attribuer les effroyables progrès qu'il a faits. Il n'est aucun abus qui n'eut eu les mêmes résultats, si tous avaient joui de la même impunité.

Pourrions-nous omettre une derniere circonstance, qui n'a pas moins contribué que toutes les autres à nourrir & fortifier l'habitude des combats singuliers? Dès le regne de Louis XIII, on imagina d'établir une différence entre les duels & les *rencontres*. A l'aide de cette belle tournure, la loi, qui devait être inflexible, devint aussitôt souple & malléable à volonté. Rien ne gêna plus désormais ni la licence des parties, ni les prévarications des juges, ni l'insouciante inertie du dispensateur des graces. Chacun affecta de concert un respect hypocrite pour le simulacre de la regle, & chacun la viola sans pudeur. Les choses en vinrent au point qu'il n'y eut bientôt plus de duels, quoi qu'il y eut tous les jours des combats. Tout changea d'aspect. Plus d'appels, plus de rendez-vous, plus de desseins prémédités. On se battait à jour très-fixe, ce n'était qu'une rixe subite & fortuite; on se blessait, c'était un premier mouvement que la colere rendait graciable. On se tuait, c'était un malheur; & parce qu'on ne peut s'écharper sans s'atteindre & se *rencontrer*, toutes les batailles furent constamment regardées par vos graves *jongleurs à mortier* comme des rencontres imprévues, auxquelles dès-lors les loix sur le duel n'avaient plus nulle sorte d'application. Qu'eut-on fait de plus, qu'eut-on fait de moins, si l'on se fut proposé de donner au crime une latitude indéfinie?

Ce n'est que vers le milieu de notre siecle que la fatale manie des cartels a paru s'atténuer. Et comment s'est opérée cette révolution, tandis que tout les favorisait à plaisir? N'en remercions ni les loix, ni les magistrats. C'est à cette époque que les Français, épuisés de sang & d'argent, après une longue suite de guerres & de conquêtes également désastreuses, tournerent enfin leurs regards vers l'unique côté, d'où pouvait naître le remede à tous leurs maux. Sous Louis XIV, on avait cultivé les ſciences & les arts, avec un ſuccès non moins ſurprenant par ſa rapidité que par ſon étendue. Les chefs-d'œuvres en tout genre ſe preſſaient en foule, & ſemblaient éclorre les uns des autres. On ſe complait dans l'admiration de tant de merveilles. Cependant, lorſque, revenu de mon enthouſiaſme je veux examiner de ſang-froid quels ſont les avantages réels, que le corps politique a retirés de toute cette magnificence du génie, ce n'eſt plus la même choſe. Le tableau, placé dans ce nouveau jour, perd auſſitôt la majeure partie de ſon premier éclat. Peut-on pardonner à tous ces mortels, que la nature avait ſi largement comblés de ſes dons, d'avoir proſtitué ſes bienfaits à ſaturer d'éloges & de flatteries l'orgueilleux deſpote, auquel ils n'avaient pas rougi de ſe vendre à beaux deniers comptans? Quel abus capital ont-ils eſſayé de flétrir? Tous les jours témoins d'appels & de combats ſinguliers, qui nous atteſte qu'ils y aient été ſenſibles? Eſt-ce en compoſant *le Cid* que Corneille a lui-même payé ſur ce point le tribut, que la ſociété devait attendre de ſes lumieres. Si je ſuis donc obligé *comme citoyen* d'attacher quelque prix à ces ingénieuſes productions, qui n'ont pourtant ni ſecouru le faible, ni réprimé le fort, &

qui même n'ont fait qu'affermir l'empire tyrannique de l'un fur l'autre, c'eft moins parce qu'elles nous apprennent en foi, parce qu'elles nous ont mis à portée de chercher ailleurs ce qu'il nous importait effentiellement de connaître.

Sous le fiecle de Louis XV, on ne fe borna plus à de ferviles imitations des plus beaux ouvrages de l'antiquité. On s'ouvrit une carrière abfolument neuve. Ici l'obfervateur attentif commence à diftinguer, & voit déjà marcher en fens contraire deux différens ordres de faits, dont le contrafte forme le plus intéreffant fpectacle, que l'hiftoire puiffe jamais offrir aux races futures. Ici, deux puiffances de tout tems oppofées entre elles, le defpotifme & la raifon, entreprenent de fe mefurer enfemble, & fe déclarent l'une à l'autre cette guerre célebre, qui devait, en décidant du fort de la France, régler tôt ou tard celui du monde entier.

D'un côté le pouvoir arbitraire, préfumant tout de fes propres excès, ne néglige aucune des viles reffources, qu'il a tant de fois employées à fon profit. On enchaîne la penfée; on perfécute le génie; on interdit le feu & l'eau à quiconque ofe avoir la confcience de fa dignité primitive, & tente de foulever le bandeau facré de l'erreur. De plus, à proportion que l'on s'empreffe de couper au flambeau de la vérité, toute efpece de

+ que

de communication avec les peuples, on les effraye par tous les superstitieux mensonges du fanatisme. On ne craint point de faire intervénir le ciel comme fauteur & comme garant des crimes de la tyrannie. Pour achever de dégrader les citoyens, la même main qui les affaisse, & les écrase sous le poid douloureux des impôts, les traîne dans la fange de tous les vices. C'est par raison d'état que l'on empoisonne les mœurs, & qu'on ridiculise la fierté des vertus austeres. C'est par calculs convenus que l'on s'acharne à calomnier la liberté. C'est par principes d'intérêt public que l'on appelle l'égoïsme & tout son hideux cortége. Que dire de ce luxe dévorant qui, sous prétexte d'opulence & de commerce, dépeuple les campagnes pour ajouter à la corruption des villes? Que dire de ces gaspillages effrenés, que dire de ces violations scandaleuses du trésor national, que l'on se permit au milieu d'une détresse universelle, dans l'espoir que chacun prenant le change sur ces richesses fantastiques, regarderait comme un témoignage de la vigueur du corps social ce qui n'était au fond qu'un marasme effrayant, & ce qui n'était au dehors qu'une vaine bouffissure, indice certain d'une longue maladie cronique? Joignons à toutes ces fausses mesures, d'une part l'abus intolérable qu'on a fait de la force armée, de l'autre le besoin toujours renaisſant que l'on s'impoſait de nouveaux ſubſides; & béniſſons les dieux de ce que l'aveugle tyrannie, tout en s'épuiſant à conſolider l'ancien régime, fut-elle même la plus active à le ſaper par la baſe, puiſque, dans ſon délire, elle faiſait réfléchir ſur elle ſeule, en derniere analyſe, tous les coups qu'elle dirigeait contre la raiſon.

Quant à celle-ci, ſa tactique fut auſſi ſage que hardie. Quoi qu'elle n'ait eu d'abord qu'un très-petit nombre de zélés partiſans, elle ſût bientôt en former une phalange inexpugnable. Au lieu de s'attacher à ſuivre l'exemple qu'avaient laiſſé les rhéteurs de Louis XIV, & de s'occuper preſque excluſivement de rythme & de cadence dans le langage, on ne retint de tous ces ornemens que ce qui pouvait ſervir à rendre la vérité plus acceſſible, en rendant les lumieres plus commerçables. On s'apperçut enſuite que l'attirail énorme de proviſions gothiques, & de maximes haſardées de ſiecle en ſiecle, dont les érudits faiſaient le plus grand cas, avait néanmoins le double inconvénient de rallentir la marche ſucceſſive des idées, & d'altérer la juſteſſe de l'eſprit, on ne balança point de mettre à l'écart ce lourd fatras, vénéré depuis trop long-tems. On alla droit à la nature. On l'interrogea dans ſon propre ſanctuaire. C'eſt delà, qu'armée d'une ſaine critique & d'une analyſe exacte, deux léviers plus puiſſans que ceux d'Archiméde, la philoſophie cita devant elle tous les fonctionnaires publics, quels qu'ils fuſſent, & leur demanda, d'un ton ferme, compte de l'uſage qu'ils avaient fait de leur autorité, pour le bonheur des peuples qui les en avaient inveſtis. Le ſceptre & l'encenſoir, le trône & l'autel furent indiſtinctement ſoumis à la ſolemnité de cet examen. On jetta dans le même creuſet cette immenſe ſérie d'opinions tant profanes que ſacrées, qui n'avaient ceſſé de diviſer les humains, qu'elles devaient réunir. Il ne s'agiſſait plus de jurer, avec une ſtupide indolence, ſur la ſeule parole de ceux qui mettaient leur intérêt & leur gloire à traſiquer l'impoſture. On avait dit & redit aux nations tout ce qu'il aurait peut-être fallu leur taire. Il était enfin tems de leur apprendre l'unique choſe, dont il était éminemment néceſſaire de les inſtruire.

Quel étrange changement ! A cette réviſion générale, on découvrit que ce qu'on avait juſques là tenu pour vérité n'était qu'erreur, & qu'au contraire ce qu'on avait enviſagé comme une erreur était une vérité fondamentale. On apprécia la ſomme & le but de tous les pouvoirs. En montrant à chacun ſes devoirs, on lui fit en même-tems connaître la plénitude de tous ſes droits. Affranchir d'abord les eſprits en les éclairant, c'était attaquer toutes les eſpeces de ſervitudes dans leur ſource. La noble audace d'écrire & de penſer prépara la noble audace de vouloir & d'agir; & ſi l'on ne briſa pas dès-lors tous les liens honteux qui nous garottaient, du moins les relâcha-t-on de maniere à nous faciliter davantage l'exercice de nos forces. Les diverſes branches de la phyſique nous fournirent ſeules la ſolution palpable d'une multitude de pieux logogryphes, à la pourſuite deſquels nous avions inceſſamment ſacrifié nos plus chers intérêts & les véritables vertus. Inutiles ſophiſtes de la Grece! qu'êtes-vous devant les courageux philoſophes de la France! O le plus inoui de tous les prodiges! Du ſein obſcur de ſes paiſibles retraites, un petit nombre de ſages fit, avec quelques brochures, palir & trembler tous les deſpotes du monde. Aidés de la raiſon & du génie, ces mêmes hommes, que l'inſolence avait nagueres relegués dans la claſſe *des ignobles & des abjects*, monterent tout-à-coup au premier rang des bienfaiteurs du genre humain. La poſtérité reconnaiſſante, les préférant à ſon tour à tous les monarques de la terre, leur décernera d'âge en âge la couronne la plus digne d'envie, puiſqu'elle les conſidérera comme précurſeurs des belles journées des 17 juin, 14 juillet, 4 août, 6 octobre & 4 novembre 1789.

Le duel ne pouvait manquer d'être compris dans les vigoureuſes attaques, qui furent livrées aux différens abus. L'immortel Génevois le combattit ſous pluſieurs rapports. Mais il nous a laiſſé le regret qu'il ne l'ait fait *qu'accidentellement*, & dans deux ouvrages (1) qui ne ſemblaient pas lui permettre d'appliquer à notre ſujet toute la profondeur de cette éloquence irréſiſtible, avec laquelle il foudroyait les obſtacles qu'il voulait vaincre, Ainſi ce n'eſt point, à vrai dire, par une maniere d'apprécier le duel plus juſte & mieux ſentie, que l'on en vit alors diminuer les exemples. On n'en peut trouver la cauſe préciſe que dans je ne ſais quelle douce expanſion de bienveillance univerſelle, qui dériva ſoudain des conſeils de la philoſophie. L'humeur hoſtile & guerroyante que l'on avait tant exaltée ſous Louis XIV, s'affaiblit & s'échangea peu à peu contre des vues plus amies & plus pacifiques. La ſublime morale de l'évangile, qui fut en quelque ſorte perdue pour les hommes, tant qu'elle leur fut prêchée par des miniſtres qui l'altéraient & la ſouillaient de leurs paſſions individuelles, rentra, pour ainſi dire, dans le domaine du corps ſocial, ſitôt qu'elle eut repris les touchants caracteres de ſa pureté primitive. La charité chré-

(1) Son Héloïſe & ſa lettre á d'Alembert ſur les ſpectacles.

tienne & l'humanité ne different à peu près que de nom. Cependant, soit parce que les prêtres l'exigeaient trop impérieusement, soit parce qu'ils l'environnaient des terreurs de l'éternité, la premiere demeura presque toujours impuissante & stérile, tandis que l'autre ne cessa d'acquérir de nouveaux prosélytes, lorsqu'ils furent invités par la sagesse sous l'habit d'une simple mortelle. De toutes parts on vit naître des institutions fraternelles, des clubs philantropiques, des sociétés paisibles, où l'étude de la nature & de l'économie rurale réunissait indifféremment ceux que l'orgueil des conditions avaient jusques là tenus éloignés les uns des autres. On se familiarisait de proche en proche avec les idées de liberté, de concorde & d'égalité. Sans que personne put se rendre à soi-même un compte bien distinct de cette influence anticipée, la déclaration des droits agissait déjà sur les cœurs & sur les esprits. Tout semble faire entrevoir que les aggrégations partielles pour lesquelles chacun se passionnait à l'envi, n'étaient que les heureux essais de la grande coalition du 12 juillet 1789.

Ne nous y trompons pourtant pas. Les nobles & les riches n'en prisaient pas moins leurs vieux parchemins, & leurs blasons, & leurs quartiers paternels, & leurs quartiers maternels. Mais ils étaient réduits à les enfouir dans leurs chartriers, ſauf à les en extraire à certains jours d'éclat, où leur morgue puérile aurait craint de ſe compromettre, en tranſigeant avec l'opinion générale. Ils avaient toujours & valets, & chevaux, & chiens, & ſerfs, & maîtreſſes. Mais contraints de cacher dans l'intérieur de leurs palais les décorations ſuperbes, qu'ils promenaient jadis avec tant d'impertinence, ils ne purent obtenir la gloire d'être admis au commerce des Plébéiens dont ils ambitionnaient les talens & les lumieres, qu'après s'être dépouillés perſonnellement de toutes leurs draperies. Il fallut qu'ils ſe préſentaſſent déſormais ſous le coſtume vulgaire & modeſte, que la raiſon avait ſû faire dominer ſur les autres caprices du goût. Enfin, ſi le gouvernement n'échoua pas dans toutes les perfides entrepriſes qu'il tenta pour iſoler les hommes, & les accoutumer aux jouiſſances excluſives de l'égoïſme, du moins la philoſophie eut-elle l'honneur de diſputer tellement le terrein, qu'elle alla juſqu'à mettre l'humanité même à la mode; & ſoit ton, ſoit vertu, la bienfaiſance n'eut peut-être pas moins d'avantages que l'impitié dans l'état comparatif du bien & du mal, qui ſe rèferent à ces deux qualités oppoſées.

Il eſt facile de preſſentir qu'elles durent être, par rapport au duel, les ſalutaires conſéquences des mœurs douces & ſimples, qui s'accréditaient ſous le regne de la philoſophie. La brutalité des gladiateurs pouvait-elle compatir avec l'urbanité, que l'on contracte dans la culture des lettres? La diverſité d'opinions n'etait plus une fatale pomme de diſcorde. C'était une occaſion enviée de développer ſes connaiſſances, & de faire briller ſon eſprit. On ſe contrediſait ſans ſe heurter. L'habitude affectueuſe de ſe prévenir ſemblait être un nouveau beſoin, que la familiarité venait d'étendre à toutes les conditions; & les mots expiatoires *de pardon* & *d'excuſe* qu'une bouche noble ne pouvait point articuler autrefois, parurent alors ſi coulans qu'on les offrit à tout propos. Mais ce qui contribua plus efficacement encore à faire au moins perdre de vue les combats ſinguliers, c'eſt l'abdication de l'étiquette & des grandes parures. En dépoſant les habits de théâtre, on quitta ce fer homicide, qui en eſt l'accompagnement obligé. Conduit à des idées plus ſaines par une pente inſenſible & prudemment détournée, chacun amenda le cérémonial à ſa guiſe. Perſonne ne vit plus d'inconvénance à ſe débarraſſer habituellement d'une arme, qu'en tems de paix & dans nos villes on ne devrait jamais trouver que ſous le manteau de l'aſſaſſin. De ce moment, les querelles devenues déjà plus rares, deviennent auſſi plus aiſées à civiliſer. Si dans un choc d'aſſertions on s'entendit mal, on eut le tems de s'expliquer, & de ſaiſir un point quelconque de ralliement. L'intervalle, que la réflexion établit entre les premiers mouvemens de la colere & la vengeance, eſt énorme; & quand il faut le parcourir de ſang-froid, on y renonce le plus ſouvent de part & d'autre. C'eſt ainſi que la raiſon, déguiſant ſes ſages meſures ſous les ſpécieux prétextes d'aiſance & de commodité dans nos démarches ordinaires, eut l'adreſſe d'arracher aux inſenſés partiſans du duel l'épée, qu'ils plongeaient tous les jours dans le ſein de leurs freres. On ne connaiſſait plus gueres que les garniſons, où la ſoldateſque continuât de ſe livrer aux mêmes attrocités.

Si donc l'eſprit public, que la philoſophie s'efforçait de créer au milieu de la dépravation, a pu ſeul opérer dès-lors tant d'excellens effets, bien qu'il n'eût pas moins à lutter contre l'imperfection des loix & la coupable nonchalance des magiſtrats que contre le préjugé même, qu'eût-ce été ſi le légiſlateur & les juges euſſent ſecondé le noble zele de la raiſon? (1)

(1) La profonde corruption devint elle-même une des cauſes de la diminution des duels. L'honneur tomba

+ devinrent

Nous venons de passer en revue les mœurs successives d'une grande & antique nation. Remontant à la source du mal, nous avons étudié de siecle en siecle les diverses filieres par où l'abus dont il s'agit s'est élaboré graduellement, avant d'arriver au terme de son période actuel. Résumons-nous sur cette premiere partie de notre travail, qui se divise en deux époques.

RÉSUMÉ

DE LA PREMIERE PARTIE.

Nous avons d'abord vu sous la premiere époque, qui renferme *plus de quarante siecles*, que les monumens historiques ne font aucune mention du duel, quoique ce soit là que l'on trouve les peuples les plus belliqueux de toute l'antiquité. Quant à la *gladiature* que la plus vile canaille exerçait seule à Rome, & vers le déclin de l'empire, ces sortes de combats publics n'avaient, avec ceux dont il s'agit, rien de commun que la férocité.

La seconde époque, qui comprend l'histoire

dans le même discrédit que la vertu. Les ames étaient tellement viciées, qu'on avait perdu jusqu'à l'énergie même qu'il faut pour commettre le crime.

moderne, & qui certes eſt la partie la plus honteuſe de la vie du genre humain, puiſqu'elle eſt preſque entiérement ſouillée de tous les excès de l'ignorance, de la brutalité, de la ſuperſtition, du fanatiſme & de la tyrannie, cette époque, dis-je, peut ſe ſous-diviſer *en cinq différens tems*, qui correſpondent à la durée des combats ſinguliers parmi nous.

1°. *Depuis le cruel Gondebaud*, qui s'empara du trône de Bourgogne en 491, après avoir égorgé ſes deux freres, & qui le premier admit dans ſon Royaume *la preuve par la bataille*, qu'il avait empruntée des habitans du Nord; *& depuis l'imbécille Empereur Louis-le-Débonnaire*, qui mourut en 840, & qui malheureuſement introduiſit cette preuve en France (1), avec l'abominable régime de la féodalité, le duel, mis au nombre des *ordalies* uſitées alors, & reſpecté même comme *jugement de Dieu*, ſervit à réſoudre légalement juſqu'en 1260, c'eſt-à-dire, *pendant près de huit ſiècles conſécutifs*, non-ſeulement toutes les cauſes civiles & criminelles que les parties, les témoins & les juges pouvaient ſe ſuſciter reſpectivement entre eux, ſelon leur code ſauvage, mais ſouvent

---

(1) Bruſſel, *loco citato*, tom. 2, liv. 3, chap 18; page 960. — Littleton, *loco citato*, tom. 1, page 265, en note.

encore les questions extrajudiciaires qui divisaient soit les savans, soit les rois, soit les papes eux-mêmes.

2°. Depuis 1260, date de l'ordonnance de St. Louis, jusqu'en 1315, on essaya de restreindre l'usage des batailles judiciaires, auxquelles on recourait, même pour une misérable somme de douze à treize deniers. Il paraît qu'elles furent réservées à constater la plupart des délits, & qu'on s'en abstint désormais au moins dans celles des affaires civiles, qui n'intéressaient que les roturiers.

3°. Depuis 1315, époque de l'ordonnance de Louis *le Querelleur*, qui succéda, vers la fin de 1314, à son pere Philippe *le faux Monnoyeur*, c'est-à-dire, postérieurement au réglement de 1306, par lequel ce dernier prince affecta de si pompeuses cérémonies à ces combats, jusques en l'année 1566, c'est-à-dire, *pendant plus de deux siecles & demi*, le duel reprit plus de consistance que jamais. Il devint le type & le véhicule de la chevalerie régénérée, qui lui rendit à son tour tout l'éclat qu'elle en recevait. Ce n'était plus une pratique obscurément concentrée dans les tribunaux. C'était une fête, c'était un spectacle que les chevaliers multipliaient par-tout, & dont les dames aimaient à faire le principal ornement. Dans la crainte de manquer de ces jeux sanguinaires, lorsqu'on n'avait aucun procès à vuider, on y ſuppléait avec des carrouſels & des tournois, où l'on ſe battait par ton, & où l'on ſe tuait par déſœuvrement; de maniere qu'en 1566, il y avait déjà, depuis 491, *près de onze ſiecles entiers*, que le duel, adopté par la loi, preſcrit par la juſtice, ſanctifié par la religion, accrédité par la mode, ſanctionné par les femmes & par les braves, exerçait, à la faveur de toutes ces autorités, un empire abſolu ſur les eſprits.

4°. Soit que les effets déſaſtreux de cet uſage fuſſent portés au comble, & provoquaſſent un remede prompt, ſoit que les guerres théocratiques fiſſent diverſion aux guerres de fanfaronnade & de galanterie, Charles IX voulut tout-à-coup anéantir le duel en 1566. C'eſt lui qui fut le premier à le condamner, & qui le plaça même d'emblée au nombre des crimes capitaux. Tous les Rois ſes ſucceſſeurs marcherent à cet égard ſur ſes traces, & parurent redoubler de ſévérité. Mais indépendamment de la force des anciennes impreſſions, deux ſortes de cauſes vinrent s'oppoſer au ſuccès de ces meſures, ſavoir les mœurs d'une part, & de l'autre la nature même du nouveau code. Sous Charles IX, ſous Henri III, ſous Henri IV, ſous Louis XIII, ſous Louis XIV, & juſques vers le milieu du regne de Louis XV, on continua d'être inhumain & féroce, tantôt par fanatiſme, tantôt par eſprit de parti, tantôt par amour des conquêtes, tantôt par pure oſtentation, & ſouvent par tous ces motifs réunis à la fois. — *Quant au nouveau code*, l'inſobriété non moins ſcandaleuſe que puérile avec laquelle on y prodigue & les ſermens & les parjures; l'énorme amas de clauſes pénales qui le compoſent ſans qu'elles aient été jamais exécutées, & qui reſſemblent aux lâches clameurs d'un poltron que l'on entend murmurer par-tout, & qu'on ne voit agir nulle part; l'habitude aviliſſante qu'on y prend de tolérer & de défendre, d'aggraver & de reſtreindre, de toujours menacer & de toujours abſoudre; l'inſolence des nobles que l'on y fortifie baſſement par les diſtinctions dont on les accable; le mépris qu'on y verſe ſur les roturiers, & qui, retombant de ſuite ſur la majeure partie des tribunaux, devait en éloigner de plus en plus la caſte des gentilshommes; l'impunité *raiſonnée* qu'on a ſoin d'y ménager textuellement aux coupables, ſous l'invention dériſoire de rencontres fortuites; le dépôt ſpécial qu'on en fait dans les mains de magiſtrats ambitieux, dont le zele, inflexible contre les faibles, ſe paralyſa preſque toujours à l'aſpect des grandeurs, & qui ſemblaient tenir pour maxime certaine que *crime & puiſſance* ne peuvent jamais être aſſociés enſemble; que dirai-je? tout frappait de léthargie ces vaines loix d'[illegible] de baſe, de proportion, d'organes & d'équité. Loin donc d'être ſurpris de ce que l'affreuſe mode des duels fut entretenue par les gens de tout ſexe, de tout âge, & de tout état, qui devinaient à qui mieux-mieux mille manieres de s'entre égorger plus effroyables les unes que les autres, il faudrait s'étonner davantage au contraire, ſi, d'après les eſpeces d'encouragemens qu'on donnait aux batailles privées, elles fuſſent alors tombées d'elles-mêmes en déſuétude (1).

Auſſi, quoique le duel ait toujours été réputé depuis 1566 un attentat irrémiſſible; & quoique les réfractaires aux édits ne l'employaſſent plus déſormais qu'à ſervir leurs vengeances individuelles, il n'en fut pas moins commun juſques vers l'époque de 1750, qu'il ne l'avait été ci-devant depuis

---

(1) On a vérifié par les regiſtres de la chancellerie que, depuis l'avenement d'Henri IV à la couronne, juſqu'à la vingtieme année de ſon regne, *ſept mille graces* furent expédiées. Joignez à cela les duels, pour leſquels on n'a point eu recours aux lettres de grace. Quelle meurtriere épidémie !

D'un autre côté, les régimens n'avaient-ils pas introduit dans leur ſein une ſorte de diſcipline deſtructive de la loi, puiſqu'ils chaſſaient *avec l'agrément tacite du miniſtre de la guerre*, ceux qui refuſaient de ſe battre? Ainſi les uſages & les réglemens ſe heurtaient de front, & dégénéraient en un galimathias inconcevable.

491. Si l'on fut beaucoup plus éclairé dans un tems que dans l'autre, on ne fut pas moins barbare.

Et 5°. après avoir observé que les combats singuliers avaient enfin diminué visiblement depuis environ 1750 jusqu'en 1789, époque glorieuse de notre révolution, il a fallu chercher la nouvelle cause de ce changement, dont on ne peut pas plus faire hommage aux loix qu'aux tribunaux.

Comparant à cet effet les deux siecles les plus fameux de notre histoire, on s'apperçoit bientôt que tous ces prétendus grands hommes, guerriers, artistes, gens de lettres qu'on admire superstitieusement sous le regne de Louis XIV, ne sont au fonds que de grands esclaves, que leurs ouvrages & leurs exploits rendront plus méprisables encore aux yeux d'un peuple libre. Inutiles ou funestes à leur patrie, ils n'ont tous vécu que pour ramper sous les pieds du même maître. Massillon & surtout le rare Fénelon méritent seuls l'honneur d'être exceptés, & je les réclame comme dignes des beaux jours du dix-huitieme siecle. — Sous Louis XV les lettres prirent une direction absolument neuve. On ne voulut plus être savant de cette science oiseuse, qui ne forme pas la raison & qui corrompt la vertu. Terrasser les despotes & les fanatiques, en dénonçant à la sagesse tous les préjugés, & pulvérisant tous les abus; dévoiler toutes

les

les erreurs, en n'interrogeant que la nature & la bonne-foi; instruire chacun de ses véritables intérêts sociaux, en lisant à tous les tables éternelles de la déclaration des droits; substituer l'amour de la paix à l'amour de la guerre; démolir peu-à-peu ces odieux murs de séparation, que la hiérarchie féodale élevait à chaque pas entre le citoyen & le citoyen; ramener tous les hommes aux touchantes idées de la grande famille; les rapprocher les uns des autres par les charmes jusqu'alors inconnus de l'humanité, de l'égalité, de la concorde & de la liberté; les conduire à préférer d'eux-mêmes les saines lumieres, les talens utiles & le mérite personnel à toutes les facheuses illusions de la noblesse héréditaire; épurer & régénérer dans les sages épanchemens de réunions philanthropiques ceux que la société générale dépravait en les isolant; sauver le corps politique, prêt à s'ensévelir dans le précipice, où le machiavelisme le poussait de jour en jour; préparer la guérison radicale de ces plaies internes, qui rongeaient l'état depuis plusieurs siecles; en un mot, rétablir dans les mains du peuple la souveraineté qu'il ne peut jamais perdre, telle est l'entreprise sublime que quelques écrivains philosophes eurent, vers 1750 le courage de faire & de suivre en dépit des tyrans, & qui vient de se consommer hier pour le bonheur du monde entier. Ainsi de nouvelles mœurs effaçaient celles que nous avions reçues de nos ayeux. Le costume martial & l'esprit soldatesque étaient incohérens avec les habitudes de bienveillance & les principes de sociabilité que l'on acquérait de plus en plus. On oublia les uns en faveur des autres ; & soit qu'on commençât à découvrir plus distinctement les caracteres atroces & gothiques du duel, soit qu'un mouvement universel de réforme entraînât les moins disposés à la subir, les combats singuliers ne se reproduisaient plus que de loin en loin. On aimait déjà mieux faire assaut de bienfaisance que lutter de fureur, & mesurer les forces de son génie que mesurer celles de son corps ; de sorte que la philosophie parvint en moins d'un demi-siecle à réparer seule presque tous les maux, dont la féodalité nous accablait depuis tant d'années.

SECONDE PARTIE.

Qu'est-ce que le duel dans les principes généraux de la vérité ?

Les gladiateurs, qui se fabriquent une conscience à leur guise, parce qu'il faut nécessairement que tout homme en ait une, vaille que vaille, invoquent différens prétextes, sur la foi desquels ils s'accordent les uns aux autres l'absolution de leurs forfaits respectifs. C'est ici qu'il faut en quelque ſorte nous prendre corps à corps, & que le combat entre eux & moi doit être à outrance.

Et d'abord, plus effrayés du mot que de la choſe, ils repouſſent loin d'eux la qualification *d'aſſaſſins*. Ce titre odieux n'appartient point, diſent-ils, à deux adverſaires qui ſe citent, qui s'avertiſſent, & donnent la mort en courant les riſques de la recevoir.

Prenons-y garde! La matiere eſt de la plus haute importance! Tremblons de ſacrifier la vie des citoyens à de futiles ſubterfuges! Or, je le demande: la ſolidité de la diſtinction que propoſent les gladiateurs, eſt-elle tellement démontrée, que l'on puiſſe, ſans nulle ſécrette inquiétude, en faire la baſe & la regle de ſa conduite? Car, ſi leur ſyſtême laiſſe le moindre doute, il eſt par cela même évident qu'il ne peut plus y en avoir aucun à rejetter leur doctrine.

Un moyen facile, au reſte, d'abréger toute diſpute, ſerait de ſubſtituer les termes *d'homicide volontaire* à celui *d'aſſaſſin*, ſur lequel la ſubtilité peut uſer d'équivoques. Nulle différence juſtificative entre le duelliſte & le meurtrier, qui l'eſt ſpontanément. Tous les deux tuent contre les diſpoſitions formelles de toutes les loix. Quel eſt donc cet homme de bien, qui s'impoſe à lui-même l'obligation de choiſir entre le titre d'aſſaſſin &

celui d'homicide, & qui s'honore d'être l'un s'il n'eſt pas l'autre ?

Mais pénétrons plus avant dans l'examen de la queſtion. Le duel ne peut être enviſagé comme un crime ſimple. Il ſe compoſe de l'homicide, de l'aſſaſſinat & du ſuicide : trois rapports également horribles.

Certes, il ſerait très-ſuperflu de s'arrêter à prouver que les ſpadaſſins ſont de tous les homicides les plus coupables. Ils commettent le meurtre avec appareil, en compagnie, & de leur plein gré. L'excuſe d'une légitime défenſe ſerait dériſoire dans leur bouche, puiſqu'ils en font eux-mêmes gratuitement naître le prétendu beſoin. Dans toute autre conjoncture où l'on repouſſe la force par la force, on ne ſe bat que pour écarter le péril. Mais ici l'ordre eſt inverſe : on provoque, on appelle le danger pour le plaiſir de ſe tuer de deſſein prémédité. S'il y a rien de fortuit & d'inattendu dans ces ſortes de querelles froidement concertées, ce n'eſt pas de voir expirer un des adverſaires, ni même tous les deux, c'eſt, au contraire, qu'ils ſurvivent l'un & l'autre au deſir mutuel qu'ils ont de s'exterminer. On ſent aſſez déjà que la déſignation générique *d'homicide* exprime d'une maniere trop incomplette l'idée que l'on doit concevoir du duel.

Indépendamment de la volonté ſpontanée, le caractere diſtinctif de l'aſſaſſinat (1) eſt d'être fait en trahiſon, *ou bien* avec avantage, ſoit par le nombre des aſſiſtans, ſoit par l'inégalité des armes, ſoit par la ſituation du lieu. Si nos héros de ruelles avaient le courage de réſerver, pour la pureté des principes, la moitié du rigoriſme qu'ils vont exercer ſur la dimenſion des mots, pourraient-ils nier de bonne-foi qu'il n'eſt peut-être pas un ſeul duel qui ne raſſemble toutes les circonſtances de l'aſſaſſinat ? Eſt-il même poſſible à deux furieux d'obſerver ce juſte équilibre, qui bannit tout ſoupçon de lâcheté ? Conſidérez-les, ſuivez-les juſqu'au rendez-vous. La diſproportion eſt frappante dans la hauteur de la taille, dans l'aſſiette & dans la ſurface du corps, dans la vigueur du poignet, dans la liberté des mouvemens, dans les reſſources du talent, dans la préſence d'eſprit : la différence eſt d'un à quatre. Quelquefois elle eſt plus ſérieuſe encore ; c'eſt ſouvent l'athlete Milon qui ſe meſure avec un jeune impubere ; & jamais le partage n'eſt parfaitement égal. N'importe, l'action s'engage entre ces généreux ennemis, comme ſi

(1) Juſqu'ici les écrivains ſe ſont contentés de dire aſſez vaguement que le duelliſte eſt un aſſaſſin. On a trop négligé d'en faire la preuve. Celui-ci n'a vu dans l'apoſtrophe qu'une injure philoſophique. Ce n'était pas le moyen d'obtenir de grands ſuccès.

la balance était exacte. Ajoutons même que presque toujours l'agresseur compte sur la supériorité dont il se flatte, quand il jette les gages de bataille. Objectera-t-on qu'il en est ainsi dans tous les autres concours de science, d'adresse ou d'industrie, & que jamais la mise respective des deux rivaux n'est précisément la même? Soit. Eh bien! qu'en conclure? Toutes les diverses luttes sont-elles aussi innocentes les unes que les autres? Les conséquences de l'infériorité ne sont-elles pas plus dangereuses ici que là?

Les témoins assistans peuvent en imposer, intimider plus ou moins par leur rang, par leurs titres, par leurs regards, & sur-tout par la réputation qu'ils se sont acquise dans l'art de l'escrime. La trempe des armes devient encore une nouvelle source d'inégalité dans les avantages réciproques. Mais passons, si l'on veut, toutes ces différences, dont nos preux aiment mieux profiter, que s'abaisser à les compter.

Ils sont aux prises. Ils cherchent jour, ils épient l'occasion fatale d'entrer. Est-ce toujours le talent qui la leur fournit? Que de causes peuvent venir durant la chaleur du combat, paralyser le bras d'un des diffidens, alors même qu'il paraît le mieux armé! Il éprouve soudain un sentiment de défaillance, quoiqu'aucun effet extérieur ne la manifeste; un objet imprévu s'offre brusquement, & distrait ſon attention ; un coup de lumiere l'éblouit ; un coup de vent l'offuſque de pouſſiere ; placé ſur un ſol plus gliſſant, ou retenu par un obſtacle qu'il rencontre ſous ſes pieds, il fait un faux pas (1) qui rallentit la preſteſſe de ſes évolutions : dans tous ces cas, ne ſe trouve-t-il pas ſans défenſe ? Ses armes ne lui ſont-elles pas inutiles ? Qu'exigent donc alors & la délicateſſe & la magnanimité ? Juſte ciel ! le moment où l'humanité ſollicite l'adverſaire, ſinon de voler au ſecours du malheureux que la fortune trahit, au moins de ſuſpendre la vivacité de ſes attaques, eſt le moment même qu'il ſaiſit pour lui lancer la mort dans le ſein ! Or, le complice de la fortune eſt néceſſairement un traître, & la perfide victoire qu'il ſurprend n'eſt qu'un lâche aſſaſſinat. Dire que ces affreuſes chances ſont pour l'un comme pour l'autre, c'eſt le délire de la férocité. Loin d'être un motif d'atténuation, la réciprocité des haſards ne prouve ici que la réciprocité du délit.

Si les duelliſtes ſe battent au piſtolet, l'aſſaſſinat

---

(1) *Ah ! faites-nous grace de tous ces minutieux détails !* — On ſait, Meſſieurs, que vous n'y regardez pas de ſi près. Pourquoi ſeriez-vous plus touchés des cauſes, que vous ne l'êtes des effets ? Il ſemble pourtant que des *vétilles*, qui coûtent la vie à tant de mortels, peuvent mériter quelque conſidération.

eſt plus évident encore. Car, puiſqu'ils ne tirent que l'un après l'autre, il eſt clair que chacun des deux attente ſucceſſivement aux jours d'un homme qui ne peut pas plus ſe défendre que s'il était livré pieds & poings liés. Le forfait ſe montre là dans toute ſon horreur.

Il eſt au ſurplus aſſez difficile d'entendre l'excuſe, que *ces honnêtes gens* voudraient faire dériver de ce qu'ils ne ſe battent qu'après une citation préalable, & de ce qu'ils ſont expoſés à recevoir la mort en la donnant. Le ſcélérat qui vient arrêter ma voiture ſur une grande route, & qui, le piſtolet au poing, me demande la bourſe ou la vie, ne me cite-t-il pas à ſon tour? Ne me tiens-je pas même pour duement averti d'être ſur mes gardes, ſitôt que je me mets en voyage? Le brigand me laiſſe au moins l'alternative. Il reſpecte mes jours, ſi je lui veux abandonner mes écus. Mais le ſpadaſſin n'eſt point auſſi traitable, & l'on ne peut s'en débarraſſer à ſi bon compte. D'un autre côté, quel eſt l'aſſaſſin qui, malgré toutes ſes précautions, ne coure pas les riſques d'être immolé par celui qu'il attaque? Eſt-ce choſe inouie que, dans ces appels inopinés, le provoquant ait reçu le coup mortel de l'homme qu'il ſuppoſait ſans défenſe, ou moins fort que lui? Le ſcélérat qui me cite & m'interpelle ſur le grand chemin, ſe diſſimule-t-il que ma réponſe peut à l'instant lui faire mordre la poussiere? Eh bien! les dangers qu'il a bravés deviennent-ils sa justification, & parce qu'il est vaincu, meurt-il irréprochable? Sous quelles couleurs plausibles osera-t-on enfin, s'arrogeant un choix arbitraire entre tous ces ennemis de la sûreté publique, réprouver les uns & laver les autres? Votre loi présume dans le malfaiteur qui vole avec port d'armes, l'intention de tuer s'il éprouve de la résistance; elle le répute assassin, & punit en ce cas moins le vol que le projet de meurtre. Soyez donc d'accord avec vous-mêmes. Car quant au duel, il n'y a plus à se tromper sur les conjectures. L'intention & le fait, le projet & l'exécution se confondent dans un seul & même acte, & cet acte est l'homicide.

Ingénieux à prendre le change, les spadassins croient pouvoir échapper à la honte du parallele, sous prétexte que leurs vues sont pures du sordide desir de s'enrichir aux dépens de leur adversaire. *Voilà la source féconde de toutes leurs erreurs.* De ce qu'ils ne se battent point pour argent, & de ce qu'ils ne sont pas des fripons, ils inferent....... qu'ils ne sont pas des....... meurtriers! Admirable conséquence! comme s'il existait une affinité nécessaire entre l'assassinat & l'usurpation du bien d'autrui! Pourquoi, s'il vous plaît, l'assassin par vengeance ou par ambition serait-il moins criminel que l'assassin par misere ou par avidité ? Ne venons-nous pas de voir que, dans la punition du brigand qui vole à main armée, la loi s'occupe moins du larcin que des intentions homicides ? Quoi ! le malheureux qui, manquant d'ouvrage, dépourvu de ressources, surchargé d'une famille nombreuse que la faim & la soif réduisent aux abois, me force de lui livrer ma bourse, & n'attente point à ma personne, sera plutôt un assassin que le gladiateur aisé qui, sur un simple mot, qu'il entend bien ou mal, me laisse mon argent & me poignarde ? Le crime cessera d'être crime dès qu'il sera gratuit ? Le coupable n'aura rien à craindre de la justice, s'il n'a point à se plaindre de la fortune ? On s'abîme dans cette mer d'iniquités, sans fonds & sans rives !

Avant toutefois d'admettre le singulier désintéressement dont les duellistes cherchent à se prévaloir, est-il tellement général entre eux, qu'on ne puisse jamais le révoquer en doute ? N'est-il jamais arrivé qu'un bravache intrigant ait suscité querelle au titulaire d'un emploi, soit honorable, soit lucratif, dans l'unique espoir de se substituer à sa place ? Si, comme on ne peut le contester, l'intérêt personnel, travesti sous mille formes différentes, produit une foule de batailles privées, à quels signes les distinguera-t-on de celles où l'agreſſeur n'aſpire qu'au plaiſir de ſe baigner dans le ſang de ſon adverſaire ?

Mais il nous ſemble qu'en politique c'eſt une queſtion aſſez oiſeuſe que celle de ſavoir, ſi le ſpadaſſin profite ou ne profite pas de ſes cruautés. Où veut-on égarer notre attention ? L'état trahi dans la perſonne d'un de ſes membres ; les loix les plus auguſtes foulées aux pieds ; la tranquillité publique violée ſans pudeur ; un citoyen égorgé ſous les yeux du magiſtrat ; une famille entiere privée tout-à-coup de ſon chef & réduite pour jamais à la plus douloureuſe viduité ; des créanciers enveloppés dans ce cercle de malheurs, & condamnés à mourir eux-mêmes infideles à leurs engagemens.......... Où s'arrêtent les progrès du mal ? Or, ces hautes conſidérations permettent-elles de deſcendre au calcul du bénéfice particulier, que l'aſſaſſin pouvait tirer de ſon crime ? Et s'il eſt vrai que les délits s'aggravent en proportion du préjudice qu'ils cauſent à la maſſe univerſelle du corps ſocial, je le répete encore une fois, par quelle biſarrerie, le brigand affamé, qui détrouſſe les voyageurs & ne les tue point, ſera-t-il plutôt un homicide, que le duelliſte opulent qui ne vole pas les citadins, mais qui les tue ?

J'entends s'écrier que la ſûreté des grands chemins néceſſite les meſures les plus réprimantes contre ceux qui veulent y porter atteinte. Sans doute : auſſi mon but n'eſt-il, ni de juſtifier les brigands, ni d'improuver les ordonnances faites à leur égard. Mais dans l'intérieur des villes, les aſſemblées, les ſpectacles, les cafés, les promenades, ne ſont-ce pas également des endroits publics ? n'y doit-on pas auſſi trouver protection & ſûreté ? Eſt-ce parce que la ſurveillance de la police eſt plus facile, qu'elle ſera là moins efficace ? Quand on ſe met en route, on a pour ſoi ſes précautions, l'inflexibilité des loix, & les inquiétudes mêmes du malfaiteur. Dans les cités, au contraire, toutes ces égides ſont impuiſſantes contre l'arrogance d'un ſpadaſſin. On peut, à la rigueur s'abſtenir de voyager. Mais il faut réſider dans un pays quelconque. Que les champions ſe battent & tuent ſur le boulevard, aux champs-éliſées, au bois de Boulogne, ne ſont-ils pas de toutes parts ſur la voie publique ? Enfin ſi la faveur des grandes routes décide à réputer l'intention de meurtre pour le fait même, ce doit donc être une raiſon de plus de ſévir contre l'aſſaſſinat effectif, en quelque lieu qu'il ait été commis.

Dira-t-on que l'on eſt libre d'accepter ou de refuſer le cartel ? Dira-t-on que les paroles une fois données & reçues, la convention mutuelle eſt que le premier qui pourra tuer l'autre, aura droit de le faire.........? Infâmes bourreaux !

où ſont donc les baſes de cet exécrable contrat ? Chez quel peuple de la terre me pardonnerait-on d'avoir maſſacré le citoyen qui me l'aurait permis ? Depuis quand la mort & la vie ſont-elles devenues des objets de commerce, que l'on puiſſe librement introduire dans les ſtipulations individuelles, & dont il ſoit loiſible de ſe jouer à ſon gré ? Quel eſt, dans l'ordre ſocial, l'homme qui s'appartienne tellement, qu'en conſentant à ſa propre deſtruction, il ne bleſſe l'intérêt de perſonne ? Il ne s'agit pas d'inſiſter ici ſur l'uſage où ſont ces meſſieurs de mutiler celui qui ne veut pas répondre à leur appel. Mais ce ſerait aſſurément une étrange conſtitution politique que celle où l'état, accueillant de ſemblables pactes, ne verrait plus nul corps de délit dans le cadavre du vaincu.

Tout ce que l'on peut induire de ces conventions de ſang (1) eſt que les duelliſtes ne ſont par ſeulement des aſſaſſins, mais qu'ils ſont de plus des ſuicides d'une nouvelle eſpece. Ils ne different des autres qu'en ce que ceux-ci ſavent ſe détruire de leur propre main, tandis que nos Céſars ne ſe réſolvent à périr qu'autant qu'un bras étranger

---

(1) Au premier ſang ! grand Dieu ! & qu'en veux-tu faire de ce ſang ? bête féroce ! le veux-tu boire. Lettre de J. J. Rouſſeau à d'Alembert, tom. 4. pag. 87.

leur ſauve la peine de ſe défaire eux-mêmes. Ainſi, comme il n'arrive que trop ſouvent, toutes les fois que les deux forcénés reſtent ſur le carreau, tous les deux meurent pareillement coupables & de ſuicide & d'aſſaſſinat.

Il eſt une derniere réflexion ſans replique. On aura beau s'agiter & ſe tourner en mille ſens contraires pour ſéparer le duelliſte de l'aſſaſſin avéré, l'intervalle ſera ſi court, qu'à peine offrira-t-il les linéamens d'une faible nuance. La raiſon & l'humanité ne pourront jamais appercevoir ce qui n'eſt viſible qu'aux regards de l'aſtucieuſe barbarie.

Cependant on décerne la palme *du courage* au ſpadaſſin, qui rapporte ſon épée teinte du ſang de ſon adverſaire ! C'eſt l'objet d'un nouvel examen. Subordonnons toujours nos vieilles idées à la coupelle d'une ſaine critique.

Tout le monde convient ou doit convenir que le *courage* eſt la modification & l'appendice d'une vertu quelconque. S'il annonce d'une part conſtance & fermeté dans l'eſprit, il ſuppoſe de l'autre droiture & pureté dans les ſentimens. C'eſt le détourner de ſa véritable acception, que l'appliquer à des actes qui n'ont pas le triple caractere d'être *difficiles*, *utiles & louables*. Ainſi l'on applaudit à l'étonnante impartialité de Brutus, à la réſolution héroique de Regulus, au généreux dévouement ſoit des Décius, ſoit de leurs dignes héritiers les chevaliers d'Aſſas & Deſilles. Ainſi l'on admire l'inaltérable ſécurité que Socrate témoigna dans ſon ſacrifice. Le cœur ſe briſe & ſe déchire à l'aſpect des tortures, au milieu deſquelles expira l'infortuné Calas, ſans jamais avoir ceſſé de montrer une ame auſſi ſage qu'invulnérable. Mais la ſtoïque contenance que le ſcélérat porte au ſupplice indigne plutôt qu'elle n'intéreſſe, & l'on n'y remarque que de l'impudeur ou de l'inſenſibilité.

Je confeſſe mon aveuglement. En vain je médite, en vain je décompoſe les parties élémentaires du duel; je ne puis y reconnaître les attributs diſtinctifs du courage; j'y trouve toujours les déſolantes émanations du crime, & rien de plus. Y découvre-t-on au moins le faible mérite de la difficulté vaincue? J'en demande encore mille pardons: mais il me ſemble entrevoir, tout bien conſidéré, que ſous ce dernier point de vue même, le courage que les gladiateurs étalent par-tout avec tant de complaiſance, n'eſt, au fond, que l'impudent charlatanisme de la poltronerie la mieux conditionnée. Mes preuves? ah! les voici.

Qu'en ce dernier ſens, Alexandre & Céſar, tout brigands qu'ils fuſſent d'ailleurs, parlaſſent de leur courage, on pouvait y croire. Les entrepriſes qu'ils concevaient avaient une longue tenue. Chaque jour amenait de nouvelles fatigues, en produisant de nouveaux obstacles. Il fallait suffire à des marches forcées dans les chemins les plus pénibles. Il fallait braver à la fois le sommeil & la douleur, la faim & la soif, le chaud, le froid, & toute l'intempérie des saisons. Après avoir remporté la victoire que l'on avait disputée long-tems & contre la fortune & contre les ennemis, il fallait sur-tout résister à l'ivresse des succès pour se frayer une route à de nouveaux triomphes. Toût cela ne s'exécute qu'avec une trempe d'ame fortement prononcée. — Bélisaire, déchu de son élévation, battu par toutes les tempêtes de l'adversité, poursuivi, mais non terrassé par l'injustice du sort, Bélisaire est peut-être plus grand & plus majestueux, quand il manque de pain & d'asile, qu'il ne l'avait jamais été dans la gloire de ses plus belles conquêtes.

Mais ici quelle série d'efforts le duelliste a-t-il à faire? Quelle succession de travaux a-t-il à parcourir? Contre quelle somme de hazards, de troubles & d'anxiétés a-t-il à signaler sa persévérance? Ses hauts faits sont aussi-tôt finis que projettés. Tous ses exploits ne sont qu'un acte solitaire, qui se consomme en un seul trait de tems. —Le duel, ainsi réduit à ses plus simples termes, & dégagé de tout l'entourage chimérique dont on le pare, ne peut plus être recommandable que par opposition à la crainte de la mort. Que s'ensuit-il ſuit-il ? Ce qu'il s'enſuit ! Il faut donc que la mort faſſe grandement peur à ces fiers-à-bras, puiſque pour s'en être une fois approchés, ils treſſaillent d'allégreſſe, & ſe perſuadent qu'ils ſont déſormais des héros. Et de quelle mort s'agit-il encore ? De la fin la plus douce, du décès le moins effrayant, en un mot d'une mort ſubite, & qu'on n'a pas même le tems d'enviſager.

Il eſt une autre conſéquence qui découle immédiatement de la premiere, & qui, toute révoltante qu'elle ſoit, n'en eſt pas moins exacte. *Si l'on s'obſtine à mettre à l'écart toute eſpece de moralités*, & que le courage ſoit ſimplement l'expreſſion de cette réſiſtance rapide & matérielle, que l'on oppoſe au ſentiment intime qui nous détourne de notre propre deſtruction, comment nos forts pourront-ils éviter de conclure que ceux qui s'expoſent au trépas le plus long & le plus douloureux, doivent néceſſairement être les plus braves ? Avec cette regle purement phyſique, comment enſuite pourront-ils, ſans une choquante contradiction, ſe défendre de placer eux-mêmes, au rang des demi-dieux, & les Jacques-Clément, & les Ravaillac, & les Damien ?

L'homme, qui porte un grand cœur, ne ſe ravale point juſqu'à faire tant d'honneur à la mort. Il ne la cherche, ni ne la prévient, ni ne la fuit. Il la voit avec dédain, & la reçoit avec indifférence. Quand l'heure ſonne, il ſait obéir à la loi commune, parce qu'il n'oublie point que c'eſt la condition primitive de ſon exiſtence ; & toujours prêt à rendre de bonne grace le bien dont il n'eſt que dépoſitaire, il n'eſſaye jamais de forcer la nature à le reprendre avant l'époque preſcrite (1).

---

(1) « Un des principaux bienfaits de la vertu, dit le bon Montagne, c'eſt le mépris de la mort : moyen qui fournit notre vie d'une molle tranquillité, & nous en donne le goût pur & aimable. . . . .

» Je veux qu'on agiſſe & qu'on allonge les offices de la vie *tant qu'on peut*, & que la mort me treuve plantant mes choux, *mais nonchalant d'elle, & encore plus de mon jardin imparfait* ». tom. 1. liv. 1, chap. 19, page 138 & 157.

Plaçons ici différens paſſages de ce même philoſophe, qui méritent attention.

« Qui voudra, dit-il, ſe défaire du violent préjudice de ſa coutume, il trouvera pluſieurs choſes reçues d'une réſolution indubitable, qui n'ont appui qu'en la barbe chenue & rides de l'uſage, qui les accompaigne ; mais ce maſque arraché, rapportant les choſes à la vérité & à la raiſon, il ſentira ſon jugement comme tout bouleverſé, & remis pour tant en bien plus sûr état ».

Il ſe plaint enſuite de ce que *les gens manians les procès, faiſaient en la police un quatrieme état, & un corps à part de celui de la nobleſſe.*

» D'où il advienne qu'il y ait doubles loix, celles

Le mépris de la mort est-il donc, au reste, chose si rare dans le désordre des sociétés policées, qu'il faille l'acheter au prix d'un assassinat? Ne reve-

---

de l'honneur & celles de la justice, en plusieurs choses fort contraires : aussi rigoureusement condamnent celles-là un démenti souffert, comme celles-ci un démenti revanché : par le devoir des armes, celui-là soit dégradé d'honneur & de noblesse qui souffre une injure, & par le devoir civil, celui qui s'en venge, encoure une peine capitale : qui s'adresse aux loix pour avoir raison d'une offense faite à son honneur, il se déshonore : & qui ne s'y adresse, il en est puni & châtié par les loix ». *ibid.* chap. 22, pag. 234. — 236.

» J'ai souvent ouï dire, continue-t-il ailleurs, que la *couardise* est mere de la cruauté; & si ai par expérience apperçu que cette aigreur & âpreté de courage malicieux & inhumain s'accompagne coutumierement de molesse féminine . . . .

» La vaillance, de qui c'est l'effet de s'exercer seulement contre la résistance, s'arrête à voir l'ennemi à sa merci. Mais la pusillanimité, pour dire qu'elle est aussi de la fête, n'ayant pu se mêler à ce premier rôle, prend pour sa part le second du massacre & du sang.

» Qu'est ce qui fait en ce tems nos querelles toutes mortelles, & que lá où nos peres avaient quelque degré de vengeance, nous commençons à cette heure par le dernier; & ne se parle d'arrivée que de tuer? *Qu'est-ce, si ce n'est couardise?* Chacun sent bien qu'il y a plus de braverie & dédain à battre son ennemi qu'à l'achever, & de le faire bouquer que de le faire nons point ſur les malfaiteurs qui la défient, la provoquent, & la ſubiſſent d'un œil ſec. Ne parlons pas de ces nombreux ſuicides, qui la regardent

---

mourir. „ Davantage que l'appétit de vengeance s'en aſſouvit & contente mieux : car elle ne viſe qu'à donner reſſentiment de ſoi ; & de tuer un homme, c'eſt le mettre à l'abri de notre offenſe . . . .

» Il s'en repentira, diſons-nous, & pour lui avoir donné d'une piſtolade en la tête, eſtimons-nous qu'il s'en répente ? Il ne nous en fait pas ſeulement mauvais gré ; c'eſt bien loin de s'en repentir. Et lui prêtons le plus favorable de tous les offices de la vie, qui eſt de le faire mourir promptement & inſenſiblement. Nous ſommes à coniller, à troter & à fuir les officiers de juſtice qui nous ſuivent, & lui eſt en repos. Le tuer eſt bon pour éviter l'offenſe à venir, & non pour venger l'offenſe qui eſt faite. C'eſt une action plus de crainte que de braverie, de précaution que de courage, de défenſe que d'entrepriſe. Il eſt apparent que nous quittons par là, & la vraie fin de la vengeance, & le ſoin de notre réputation. Nous craignons, s'il demeure en vie, qu'il nous recharge d'une pareille. Ce n'eſt pas contre lui, c'eſt pour toi que tu t'en défais. . . . .

» Si nous penſions, par vertu, être toujours maîtres de notre ennemi, & le gourmander à notre poſte ; nous ſerions bien marris qu'il nous échappât, comme il fait en mourant. Nous voulons vaincre plus ſûrement qu'honorablement, & cherchons plus la fin que la gloire de notre querelle. . . . .

« Je ſais bien que l'eſcrime eſt un art utile à ſa

comme le terme de leurs ennuis. Mais combien de mortels, combien d'ouvriers n'ont, pour ainsi dire, d'autre profession, que de l'affronter sur la terre & sur l'eau, dans les mines, dans les hôpitaux, & dans les tentatives les plus périlleuses? — Martyrs, flagellans, croisés, fanatiques, visionnaires, tous coururent au devant d'elle avec plus d'ardeur, que l'on n'en met ordinairement à s'en garantir. Un *capucin* valait un *Caton*. — Les habitans d'Abydos se tuaient en foule après la prise de cette ville, & *Philippe* ne pût remedier à ces massacres, qu'en publiant qu'il les permettait pendant trois jours. (1) — Les Numantins vaincus, se réserverent par l'acte de capitulation, une journée entiere pour se donner la mort (1) ».

---

fin (le duel) Mais ce n'est pas proprement vertu, puisqu'elle tire son appui de l'adresse, & qu'elle prend autre fondement de soi-même. L'honneur des combats consiste en la jalousie de courage, non de la science...

» En mon enfance, la noblesse fuyait la réputation de bon escrimeur, comme injurieuse: & se dérobait, pour l'apprendre, comme métier de subtilité, dérogeant à la vraie & naïve vertu . . . .

« Je voudrais qu'on me fit raison de ces loix d'honneur, qui vont si souvent choquant & troublant celles de la raison ». *Ibid.* tom. 6. liv. 2. chap. 27. pag. 196, 198, 201, 207, 209.

(1) *Polyb.*, liv. 16.

(2) *Appian. de bello hispanico.*

—« Car, non par la contrainte d'autrui, *non par l'impétuosité d'une humeur soudaine*, dit Montagne, parlant des Gymnosophistes indiens, mais par expresse profession de leur regle, leur façon était, à mesure qu'ils avaient atteint certain âge, ou qu'ils se voyaient ménacés par quelque maladie, de se faire dresser un bûcher, & au dessus un lit bien paré : & après avoir festoyé joyeusement leurs amis & cognaissans, s'aller planter en ce lit, en telle résolution que, le feu y étant mis, on ne les vit mouvoir ni pieds ni mains (1) ». — Le sexe le plus timide ne préféra-t-il pas mille & mille fois l'indigence & la mort aux séductions du déshonneur? Rougissez, faux braves! & devant *Arria* femme de *Pétus*, & devant *Pompeïa Paulina* femme de *Sénéque* (2). Allez apprendre des *veuves du Malabar*, comment, au printems de la jeunesse, on remplit le fatal devoir de mourir, quand la loi l'ordonne; & décidez si l'on peut asseoir quelque parallèle entre vous & les malheureux, qui, condamnés dans ce pays à se sacrifier aux idoles, s'exécutent eux-mêmes en se frappant douze fois, avec douze couteaux différens, en douze parties du corps, & en pro-

(1) *Montagne*, tom. 6, liv. 2, chap. 29, pag. 238.
(2) *Ibid.* Chap. 35, pag. 340, 344

nonçant douze fois: *je me tue moi-même en l'honneur de cette idole* (1).

Il n'est qu'un seul rapport sous lequel les Spadassins pourraient témoigner du courage, & c'est précisément celui qu'ils dédaignent. Ils ne sont forts que contre leur conscience & contre l'humanité. S'agit-il de se roidir contre l'usage barbare, qu'ils ne peuvent s'empêcher d'improuver tacitement? Faut-il s'élever au dessus des idées vulgaires, qui compriment la tourbe subalterne? Faut-il braver les terreurs paniques d'une honte mal entendue, lutter contre les prestiges de l'erreur, se battre pour la raison, & vaincre pour la loi? Tout l'échafaudage de leur intrépidité prétendue s'écroule au même instant. Une ombre les intimide, un geste les glace d'épouvante. Mille excuses, plus frivoles les unes que les autres, les dispensent d'aller à la charge. Les lâches tournent le dos, prennent la fuite, & se consolent de leur vile défection avec la troupe d'esclaves qu'ils ont suivis.

L'honneur le veut ainsi, répondent-ils !........ La plume tombe des mains ! les idées se trou-

(3) Esprit des usages & des coutumes des différens peuples, tom. 3, liv. 16, chap. 2, pag. 230.

blent! On doute, à force de ſentir, ſi l'on conſerve encore quelque principe de ſenſibilité! Parlons-nous à des hommes? parlons-nous à des monſtres? Gens de bien! ſoyons au moins d'accord ſur les mots! Où trouve-t-on nul rapport entre l'honneur & votre effroyable délicateſſe? Raſſemblons les faits, & jugez-vous mêmes.

Soit que vous offenſiez, ſoit que vous ſoyez offenſés, ſoit que vous ayez raiſon, ſoit que vous ayez tort, votre méthode eſt la même. C'eſt de vous ſoumettre à tuer votre adverſaire. Si la plus légere effervefcence ſuffit d'abord pour vous porter à ſigner ce pacte infernal, le ſang-froid ſeul préſide enſuite à tous les détails de l'exécution. Il ſemble que vous aimiez à vous repaître d'avance de ces images ſanglantes, en obſervant de laiſſer une intervalle de pluſieurs heures, ſouvent même d'un jour & d'une nuit entiere, entre l'inſulte & la vengeance. Les douceurs du ſommeil, que les humains reçoivent par-tout comme un beaume précieux qui tempere l'amertume de leurs reſſentimens, & les diſpoſe à la bienveillance, n'ont aucune priſe ſur vos cœurs de bronze. Ce n'eſt qu'à vous qu'il appartient de s'endormir tranquillement dans les bras des furies, & de s'éveiller ſans horreur avec le deſir de s'abreuver du ſang de ſon frere. Faut-il choiſir les inſtrumens de votre rage? On vous voit manier indifféremment & le poignard & l'arme à feu, n'ayant, sur ce point, d'autre guide que vos caprices. — Vous arrivez dans l'obscurité du cul-de-sac, qui doit servir de théâtre à votre infâme tragédie. Juste ciel! est-ce dans ta colere que tu formas les inconcevables amis qui, briguant l'avantage d'être témoins de la scene, s'engagent lâchement à rester immobiles & froids, tandis que l'on massacre ce qu'ils disent avoir de plus cher. Ah! des amis! en méritent-ils les malheureux, qui tiennent à gloire de surpasser dans le calme de la passion, tout ce que les tigres peuvent faire de plus terrible dans les accès de la fureur? On frémit, quand on admire avec quel art odieux l'impitié, le mensonge & la perfidie se disputent les honneurs de la catastrophe. L'assassinat........ L'assassinat même obtient ici l'agrément des formes. On le commence avec mesure, on le consomme avec grace. L'ame du spectateur, torturée de mille manieres opposées, étouffe sous le poids du doute & dans l'incertitude de l'issue; & pourtant les yeux semblent n'appercevoir qu'un commerce réciproque de prévenances & d'urbanité. On serait presque induit à croire que les champions s'exercent, plutôt qu'ils ne se poignardent. Mais, ô douleur! ô désolation! le trait mortel est parti. La victime succombe. Elle se débat dans les affres de la mort......! Elle expire, à la fleur de son âge.......! Il faut, hélas ! porter ses tristes restes à l'épouse chérie qui ne voyant qu'un vain simulacre, alors même qu'elle étendait les bras pour y serrer le pere de ses enfans, passe brusquement de la douceur des soins maternels aux effrayantes convulsions du désespoir. Le même coup écrase une famille entiere, & la livre pour jamais à toutes les rigueurs de l'infortune. Cependant, le meurtrier jouit en paix de sa victoire, & dès le lendemain il ne se souvient plus du sang, qu'il a répandu la veille !

Ce n'est pas encore assez pour vous de pratiquer constamment cette sanguinaire doctrine. Vous affectez de l'enseigner, & même de la prescrire aux jeunes gens, qu'il vous plaît de distinguer. Apôtres de la barbarie, vous les accoutumez tantôt à l'inclémence, tantôt à l'irritabilité. Vous endurcissez leur ame, & vous affermissez leur main. Vous leur inculquez à peu près les mêmes leçons (1) que l'on donne au Candidat, qui veut se faire agréer dans une société de brigands. De part & d'autre, celui qui tue le mieux, celui qui

---

(1) *Primitiæ juvenum miseræ, belliqueque futuri.*
Dura rudimenta. Virg. Ænéide, liv. XI, vers. 156.

le plus, recueille une égale portion d'éloges; & s'il y a quelque différence entre les deux, c'est que l'un fait gratuitement, ce que l'autre ne fait que par un eccès de misere.

Quel gouffre d'opprobres & d'ignominies! Voilà donc, héros incomparables! voilà les titres que vos grands cœurs produisent, comme les sûrs garans de vos vertus militaires! Ainsi dans votre langue, & selon votre morale, l'honneur se compose de tous les élémens de la flétrissure. Le crime est un devoir; la religion du serment est un pacte envers les enfers; la bravoure consiste à violer sans remords & sans pudeur toutes les loix de l'harmonie politique; les bases de l'estime sont indépendantes de la nature & de la vérité; ce qui coute l'honneur à tous les autres, ne fait que vous y donner de nouveaux droits. .... Ainsi votre courage n'est que férocité; vos maximes ne sont qu'un code de sang; & votre honneur est le comble de l'infamie!

« Qu'y à-t-il de commun, dit J. J. Rousseau (1), entre la gloire d'égorger un homme, & le témoignage d'une ame droite? Et quelle prise peut avoir la vaine opinion d'autrui sur l'honneur véritable, dont toutes les racines sont au fond

(1) Héloïse, 1re partie, lettre 57.

du cœur? Quoi! les vertus qu'on a réellement, périssent-elles sous les mensonges d'un calomniateur? Les injures d'un homme yvre prouvent-elles qu'on les mérite; & l'honneur du sage serait-il à la merci du premier brutal qu'il peut rencontrer? Me direz-vous qu'un duel témoigne qu'on a du cœur, que cela suffit pour effacer la honte ou le reproche de tous les autres vices? Je vous demanderai quel honneur peut dicter une pareille decision, & quelle raison peut la justifier? A ce compte, un fripon n'a qu'à se battre pour cesser d'être un fripon; les discours d'un menteur deviennent des vérités, sitôt qu'ils sont soutenus à la pointe de l'épée; & si l'on vous accusait d'avoir tué un homme, vous en iriez tuer un second pour prouver que cela n'est pas vrai ».

Ecoutons encore le digne ami du citoyen de Geneve.

« *L'honneur* est différent de la probité : *peut-être ne l'est-il pas de la vertu. Mais il lui donne de l'éclat, & parait être une qualité de plus*............

« On s'affranchit des loix par la puissance; on s'y soustrait par le crédit; on les élude avec adresse; on remplace le sentiment, & l'on supplée aux mœurs par la politesse; on imite la vertu par l'hypocrisie. *L'honneur est l'instinct de la vertu, & il en fait le courage.* Il n'examine point, il agit ſans feinte, même ſans prudence, & ne connaît point cette timidité ou cette fauſſe honte, qui émouſſe *tant de vertus dans les ames faibles*. Car les caracteres faibles ont le double inconvénient *de ne pouvoir ſe répondre de leurs vertus*, & de ſervir d'inſtrumens aux vices de tous ceux qui les gouvernent (1) ».

Quelle diſtance de cet honneur à celui des duelliſtes! Le feu & l'eau ne different pas davantage. On rirait de pitié, ſi perſonne oſait prétendre que l'honneur du duel *ſe confond avec la vertu; qu'il lui donne de l'éclat; qu'il eſt même une qualité de plus; qu'il en eſt l'inſtinct, & qu'il en fait le courage;* tandis qu'au contraire on le reconnaitrait ſans peine *dans cette timidité, dans cette fauſſe honte, qui émouſſe tant de vertus dans les ames faibles, & qui n'appartient qu'à ces caracteres puſillanimes, dont le double inconvénient eſt de ne pouvoir ſe répondre de leurs vertus, & de ſervir d'inſtrumens aux vices de tous ceux qui les gouvernent*. La ligne de démarcation entre le faux honneur & l'honneur véritable, ne peut être plus clairement exprimée.

---

(1) *Duclos*, conſidérat. ſur les mœurs, chap. 3, pag. 84, 85.

Il ne faut que traduire en langue vulgaire le beau langage des Spadassins, pour être aussitôt saisi de toute l'indignation qu'ils excitent. Quand ils pérorent sur un de leurs complices, & qu'ils le vantent *comme homme d'honneur, dont les preuves sont faites*, que disent-ils ? Ils veulent dire en d'autres termes : *il n'attend pas une offense sérieuse & grave, pour se résoudre à tuer son adversaire. Il l'égorge, ou lui brûle la cervelle, à la premiere contrariété qu'il en reçoit ; & déjà sont tombés sous ses coups, plusieurs qui ne l'avaient pas autrement insulté.* — Lorsqu'ils ajoutent : *il ne compose point avec l'honneur*, il ne font que dire en termes plus ambitieux & moins dissonans : *il ne tient aucun compte des défenses de la loi ; il n'écoute ni vertu, ni raison, ni humanité ; il s'inquiéte peu de la tranquillité publique & de la sureté individuelle ; il ne consulte que l'intolérance de son caractere, & quiconque blesse son amour-propre, est digne de mort.*

Hormis les sacripens pour qui les forfaits sont une espece de besoin, on parvient aujourd'hui, sans de grands efforts, à contraindre les autres d'avouer que cet honneur est une horreur. Malgré le bruit dont ceux-ci s'étourdissent au déhors, ils n'en sentent pas moins crier, au fond de leur cœur, le sang qu'ils versent, & qui rejaillit jusqu'à leur conscience. Eperdus, tiraillés à droite

& à gauche, ils souffrent en quelque position qu'ils se placent. Leur supplice s'augmente encore par la comparaison, à laquelle ils ne peuvent se soustraire de ce qu'ils sont avec ce qu'ils aimeraient mieux être. Si seuls avec eux-mêmes, & libres de toute influence étrangere, ils soulevent en tremblant le voile, que la multitude jette sur l'idole, ils ne peuvent plus croire au charme perfide qui les subjugue, & ils n'en deviennent que plus malheureux. La vérité les accable. Ils demeurent convaincus qu'ils ne servent que de faux dieux, qu'ils sacrifient leur vie aux plus méprisables chimeres, & qu'ils ne peuvent pas plus goûter les doux fruits de la paix que ceux de l'innocence. Ils perdent tout jusqu'à leur propre estime. Leur désespoir est de se surprendre en faillite ouverte, sur l'honneur même & sur le courage.

« Loin, se disent-ils eux-mêmes, avec une douleur sourdement concentrée, loin qu'il y ait ni probité, ni vertu, ni grandeur d'ame, ni noblesse à ne jamais demander grace quand on offense, à ne jamais l'accorder quand on est offensé, à violer tous les devoirs de la nature, à fouler aux pieds tous les principes de l'ordre social, à persécuter la patrie dans chacun de ses membres, à se repaître de massacres sans nécessité, sans utilité, sans obstacle & sans gloire, ah! il n'est que trop évident que c'eſt là l'unique partage du crime & de l'opprobre, & que nos folles idées ne peuvent rien changer à l'immuable eſſence des choſes. O honte ! ô ſouvenir plein d'amertume ! toujours irréſolus entre le bien & le mal, nous nous laiſſons toujours vaincre par d'infâmes gladiateurs ! Faut-il, hélas ! qu'intrépides & magnanimes contre les ennemis de l'état, nous venions enſuite nous ſouiller de faibleſſe & de poltronnerie, quand notre propre conviction nous appelle à triompher d'un abus flétriſſant, qui nous confond avec de vils aſſaſſins ! »

Explique qui pourra, comment néanmoins de ſi ſages diſpoſitions reſtent preſque toujours infructueuſes. A peine ont-ils fini de ſe faire cette belle leçon, que, s'ils rencontrent un inſenſé qui les ſomme de le ſuivre en champ clos, ils obéiſſent ſervilement, & perdent auſſitôt de vue l'engagement plus ſacré, qu'ils ſemblaient avoir ſouſcrit. Encore ne faut-il ni leur reprocher ces déplorables fluctuations, ni paraître avoir deviné leur ſecret. Autrement, non moins habiles à ſe diſculper qu'à s'inculper ſur le même fait, ils vous prouveront ici qu'ils n'ont plus tort. Leur faute ſera celle de *vos uſages*. Pourquoi *vos mœurs* autoriſent-elles de pareilles contradictions ? Ils cedent au torrent.

Voilà le cercle vicieux qu'ils ne ceſſent de parcourir.

parcourir; *& qu'est-ce*, dit Montagne, *si ce n'est couardise?*

On ne s'étonne point qu'un homme faible n'ait pas le courage, de se déclarer *contre les coutumes les plus dépravées*. Du moins n'a-t-il pas l'extravagante ambition d'annoncer comme titre de bravoure l'acte même, qui n'est de sa part qu'un témoignage de pusillanimité. Cette insigne folie n'est réservée qu'aux Spadassins. Ils veulent ramper & se traîner sous les opinions communes, & cependant s'attribuer les honneurs d'un grand caractere. C'est tout bénéfice pour eux.

A l'égard d'une ame héroïque & vraiment forte, la question n'est pas de savoir si les mœurs & les usages sont tels, mais bien s'ils sont bons ou mauvais, pour les adopter dans le premier cas, quelque danger qu'il y ait à le faire, & pour les rejetter dans le second, de quelque crédit qu'ils soient environnés. Lors donc que les gladiateurs croyent échapper au reproche, en se retranchant dans l'empire de la coutume, ils justifient leur lâcheté par leur lâcheté même. Soyez de bonne foi. Quand on vous insulte & que l'on vous propose un cartel, quelle est pour vous la tâche la plus pénible, ou de l'accepter en déférant à l'usage, ou de le refuser & de pardonner, en suivant les conseils de la raison?

L'uſage eſt l'eſprit des ſots, & l'excuſe des méchans. Les ſociétés, dans les commencemens de leur vie politique, ſont, comme l'individu dans les commencemens de la vie naturelle, enveloppées long-tems des ténebres de l'erreur. Si les coutumes, qui s'introduiſent alors, devenaient une barriere inſurmontable, la perfectibilité ne ſerait plus qu'une chimere. Les ordalies de l'eau & du feu ſont contemporaines de la pratique du duel : or, conſentiriez-vous encore aujourd'hui qu'on employât les premieres, pour décider ſi l'héritage que l'on vous conteſte eſt réellement le vôtre?

Parce que c'était auſſi l'uſage, euſſiez-vous admiré les floridiennes, qui, quand elles allaitaient des enfans mâles, buvaient le ſang qu'on tirait aux jeunes gens malades, afin de rendre leurs nourriſſons plus courageux? Irez-vous chez les habitans de l'iſle Formoſe, où les femmes ne peuvent accoucher qu'à certain âge, les affermir dans l'habitude qu'ils ont, quand elles deviennent groſſes avant cette époque, de leur faire fouler le ventre par les prêtreſſes, pour opérer l'avortement? Applaudirez-vous les Madagascariennes, qui livrent aux bêtes ſauvages dans les bois les enfans qu'elles mettent au monde les mardis, jeudis & vendredis? Euſſiez-vous loué les prêtres mexicains qui, fideles à leur uſage de ſacrifier les captifs aux dieux, ouvraient le ſein de ces infortunés au milieu du temple, leur arrachaient le cœur qu'ils offraient au ſoleil, & qui, pour conſommer cette effroyable fête, faiſaient ſolemnellement manger le cadavre par le peuple? Euſſiez-vous excité les Cartaginois, qui, voyant les ennemis à leurs portes, & d'après la loi qui leur ordonnait de n'immoler à Saturne que des rejettons d'une illuſtre famille, ſaiſirent deux cens enfans de la premiere nobleſſe, & les égorgerent avec trois cens perſonnes, qui ſe dévouerent volontairement?

Dans le royaume de Nekbal, on porte hors de la ville les malades dont on n'eſpere plus la guériſon, & on les jette dans une large foſſe, remplie de cadavres. — A Java, l'on tuait tous ceux que l'âge ou les infirmités rendaient incapables de travail. — Les Venedes, peuples de Germanie, ont maſſacré leurs vieillards juſqu'au commencement du quatorſieme ſiecle. — Chez les Iſſédons, lors qu'un pere de famille mourait, on coupait le cadavre en morceaux, que l'on mêlait avec des chairs de mouton & de bœuf, & l'on mangeait le tout dans un feſtin. Ainſi, parce que toutes ces épouvantables pratiques avaient acquis force d'uſage dans les temps d'ignorance & de barbarie, vous les euſſiez encore approuvées, vous les euſſiez religieuſement obſervées dans un ſiecle de lumieres! Parce que, du temps de ſaint-Louis même, la piété n'était qu'intolérance & que fanatisme, vous pourriez ouïr encore, sans murmure, ce que disait ce béat à son ami Joinville : *quand un Laïc entend médire de la religion chretienne, il doit la défendre, non-seulement de paroles, mais à bonne épée tranchante, & en frapper les médisans & les mécréans à travers le corps, tant qu'elle pourra entrer* (1). Les dragonades, les vêpres siliciennes, la saint-Barthelemi, toutes les scélératesses théocratiques peuvent désormais s'innocenter avec ce seul mot: *telles étaient les mœurs* (1)!

Pourquoi, d'ailleurs, irions-nous si loin cher-

(1) *Esprit des usages & coutumes des différens peuples*, tom. 1, liv. 3, chap. 9, pag 241. — Liv. 4, chap. 4, pag. 271. — Chap. 6, pag. 285. — Tom. 2, liv. 6, chap. 7, pag. 54. — Tom. 3, liv. 13, chap. 4, page 120. — Liv. 16, chap. 3, page 236. — Liv. 17, chap. 3, pag. 256, 257, 261. — Et liv. 18, chap. 2, page 306.

(2) Quelle différence mettez-vous entre le fanatisme des dévots, & le fanatisme des faux braves? La raison & l'humanité ne sont pas plus respectées d'un côté que de l'autre. Qu'importe que tous n'ayent pas le même objet, si tous sont capables des mêmes excès? Il serait peut-être plus aisé qu'on ne pense, de faire d'un visionnaire un spadassin, & d'un spadassin un visionnaire. Il suffirait pour ce de changer leur habit. J'en appelle aux croisades, &c. &c.

cher nos exemples? J'adjure ici les amis de la conſtitution & de la liberté. Quelles étaient nos mœurs, quels étaient nos préjugés avant le 12 juillet 1789? Fallait-il continuer de gémir sous tous les abus, ſous tous les deſpotiſmes, ſous toutes les diverſes eſpeces d'oppreſſions, parce que nous en avions contracté la miſérable habitude? La ſervitude, les Baſtilles, la féodalité, les ordres arbitraires, les concuſſions, les brigandages en tout genre, quelles injuſtices n'étions-nous pas acccoutumés de ſubir depuis l'exiſtence de la monarchie? Les ènnemis de la révolution ne réclament-ils pas auſſi les antiques mœurs & les antiques uſages? L'inſolence des miniſtres, l'inſolence des publicains, l'inſolence des parlemens, l'inſolence de la nobleſſe, l'inſolence des militaires, l'inſolence du clergé, l'inſolence des ſubalternes, l'inſolence des courtiſannes, tout cet horrible amas d'ordures peſtilentielles devait-il éternellement ſéjourner au milieu de nous, ſous prétexte que nos crédules ayeux n'avaient jamais eu le courage d'en purger la France, & qu'ils aimaient mieux être les victimes que les deſtructeurs de ces fléaux?

Sous le regne du deſpotiſme, on réduiſait toute la France à la ville de Paris, & tout Paris à la rue Vivienne. Tout le royaume allait bien, quand l'infâme jeu de l'agiotage était floriſſant à la

Bourse. C'est à peu près ainsi que les gladiateurs donnent aujourd'hui leurs folies particulieres, pour l'opinion générale. Si l'on pouvait assembler tous les citoyens de l'empire, croit-on, soit qu'on voulut compter, soit qu'on voulut peser les voix, que la majorité fut en faveur du duel? Envain je cherche de tous côtés un motif plausible, dont nos brétailleurs puissent se prévaloir. Où est-il?

L'opinion avait même déjà fait justice de leurs maximes, avant la régénération de l'état. En 1611, Charles IX, roi de Suede, envoye par un héros à Christian IV, roi de Dannemark, un cartel qui courut toute l'europe. *Si vous le refusez*, disait Charles, *je ne vous regarderai ni comme homme d'honneur, ni comme brave soldat.* Le Danois, distingué par un grand nombre de belles actions, se contenta de démontrer au provocateur que ses reproches étaient d'impudens mensonges. *Quant à votre défi, c'est une preuve*, ajoute-t-il, *que vous avez besoin d'Ellébore pour vous nétoyer le cerveau* (1).

Un Turc partait pour s'aller battre en champ clos. Les bachas l'arrêtent, & lui désillent les

(1) Charles-Quint fit à peu près même réponse à François premier, qui lui fit même proposition.

yeux d'un ſeul mot: *où vas-tu? N'avons-nous plus d'ennemis à vaincre?*

Deux dragons français ſe battent au piſtolet. Le premier manque ſon adverſaire. *Camarade, lui dit celui-ci, ſi tu es un honnête homme, je ne dois pas, pour me venger d'une offenſe perſonnelle, priver la patrie de tes ſervices. Si tu n'es qu'un coquin, c'eſt de la main du bourreau, & non de la mienne que tu dois périr.* En même tems il tire ſon piſtolet en l'air, & les deux champions ſe jettent auſſitôt dans les bras l'un de l'autre. On admire avec raiſon ce brave ſoldat. Mais n'eut-il pas été plus louable encore & ſurtout plus conſéquent, s'il eut refuſé l'appel? Car il pouvait être tué lui-même, & ſa mort privait la patrie d'un de ſes meilleurs défenſeurs. Comment d'ailleurs concilier les juſtes applaudiſſemens qu'on accorde au refus de tirer, avec les éloges que l'on donne à celui qui tire? On s'y perd! —

— M. de Salency, lieutenant-colonel du régiment de Normandie, jouiſſait de l'eſtime de toute l'armée française. Il ſignala ſes talens & ſon courage dans une foule de circonſtances éclatantes, & notamment à la bataille de Fontenoy. Son grand mérite éveilla les envieux. Il eſſuya pluſieurs différends, pour leſquels on le ſomma de deſcendre ſur le pré. Mais vaines citations! Inébranlable dans ſes devoirs & dans les vrais principes, jamais il ne voulut satisfaire à ces appels. *Non*, disait-il, *non. Ma vie ne m'appartient point; je n'en puis disposer que pour le salut de l'état.* On ne finirait pas, s'il fallait retracer ici les noms de tous les militaires, qui professerent hautement la mâle doctrine de M. de Salency (1).

Mais s'il s'agit d'un soufflet, & que je demeure

---

(1) Un jeune freluquet, fameux par maint exploits dans l'art du spadassinage, imagina qu'il manquerait quelque chose à sa gloire, s'il n'avait pas l'honneur de se mesurer avec l'homme de monde qui craignait le moins la mort, avec Jean-Barth. Il va trouver le chef d'escadre, & lui signifie ses hautes intentions. *Soit*, répond le marin, *mais attendez un instant*. Barth sort, dispose deux barils de poudre en présence l'un de l'autre, établit une trainée qui communique aux deux, se met à cheval sur l'un des barils, &, dans cet état, ayant appelé son intrépide assaillant, il lui dit : *Montez sur celui-ci, mettez le feu vous-même, ou je vais vous en éviter la peine.* . . . . A cette seule image, l'intrépide se crut déjà foudroyé. Feinte, dextérité, ruses, souplesse, gambades, tout le délaissait dans cette nouvelle lutte. Le péril était parfaitement égal des deux côtés. La mort....... la mort était certaine. Il frissonne, il s'excuse, il s'évade, se jurant bien à lui-même, mais un peu tard, de renoncer pour jamais à la gloire, plutôt que de l'acheter à si haut prix.

Deux officiers supérieurs demandent à Gustave Adol-

tranquille, je ferai chaſſé de mon corps! — Cet argument eſt-il beaucoup plus concluant, dans nos mœurs même, que celui du malfaiteur, qui dirait:

---

phe II, roi de Suede, la permiſſion de vuider, l'épée à la main, une querelle *grave* qu'ils avaient enſemble. Guſtave y conſent, pourvu qu'il ſoit témoin du combat. Il s'y rend avec un corps d'infanterie. Puis, ayant fait approcher le bourreau de l'armée, il lui dit: *à l'inſtant qu'un des deux ſera tué, coupe devant moi la tête à l'autre.* . . . . A ces mots, les champions, plus morts que vifs, ſe jettent aux pieds du monarque, demandent grace, & ſe jurent une éternelle amitié. Bon, cette ſubite converſion annonce clairement une grande envie de vivre. Mais d'un autre côté, je n'entends plus rien à la bonne foi de ces diſcours d'uſage, ſavoir qu'un homme de cœur ſe déshonore, s'il néglige de ſe venger lui-même d'une inſulte grave, & qu'il eſt étroitement obligé, ſans entrer dans aucune autre conſidération, de ſe faire tuer, plutôt que de laiſſer porter la plus légere atteinte à ſon honneur. Car, remarquez qu'un noble décollé par l'exécuteur des hautes œuvres, & que le militaire qui périt de la main du bourreau de l'armée, n'ont à craindre ni l'un ni l'autre la note d'infamie, qui ne regarde que les plébéiens. Combien *cet honneur gladiatorial*, qui parait d'abord ſi ſévere, s'humaniſe & s'aſſouplit devant la certitude de la mort! qui n'apperçoit que le duel eſt une autre eſpece de loterie, où l'on ne ſe détermine à faire la miſe de ſa perſonne, que dans l'eſpoir de retirer au moins ſon enjeu.

si je ne détrousse point les voyageurs, & que je demeure tranquille, moi, ma femme & mes enfans, nous mourrons tous de faim, puisque je n'ai point d'ouvrage. L'existence d'une famille entiere aura-t-elle moins de poids, que l'accident dont vous vous prévalez?

Répondez avec loyauté : votre régiment aurait-il tort de vous punir d'avoir recours aux loix, ou d'avoir pardonné l'offense? *Oui sans doute?* Maintenant seriez-vous vous-même, *aux yeux de la raison, de la justice & de l'humanité*, plus coupable encore de rendre un trait mortel, pour un simple soufflet? *Oui sans doute?* Il est absolument impossible d'en disconvenir, Mais ces deux points posés, que fait tout le surplus? Prenez bien garde! si vous entrez dans le calcul des avantages pécu-

---

Un seigneur de la cour, offensé d'un trait piquant qu'il avait reçu de Voiture, voulait forcer celui-ci de mettre l'épée à la main. *La partie n'est pas égale*, dit Voiture, *vous êtes grand, je suis petit ; vous êtes brave, je suis poltron. Vous me voulez tuer ; eh bien ! je me tiens pour mort.* La plaisanterie désarma le chevalier. — Combien d'autres pourraient répondre aussi : *La partie n'est pas égale : noyé de dettes, isolé, méprisé, vous n'avez rien à perdre. Chéri de ma famille, estimé de mes concitoyens, j'ai tout à risquer. Vous ne savez vous battre que dans l'obscurité d'une ruelle, & moi je ne sais me battre que contre les ennemis, à l'endroit le plus périlleux.*

niaires, & que vous prétendiez justifier la nécessité de tuer par la nécessité de conserver votre état....... il est plus clair que le jour, que vous empruntez tout à la fois & les moyens, & les excuses de ce même malfaiteur, que vous repoussiez avec indignation.

Si dans ce choc de votre intérêt avec votre conscience, le premier l'emporte sur l'autre, quoique vous puissiez dire, vous êtes criminel, & je ne vois plus en vous que le simulacre d'un honneur mensonger. Il n'y a point de milieu pour vous entre le rôle de meurtrier, & celui d'homme de bien. Il faut opter. Donnerez-vous aux railleries des sots & des lâches l'autorité, qui n'appartient qu'à la sagesse & qu'à la vertu? Quel sens attachez-vous aux mots sacrés de force, de courage & de magnanimité? Des coups de bâton sont-ils moins poignans qu'un soufflet, ou valez-vous mieux que Thémistocle? Ne parlez ni de tems, ni de mœurs, ni de préjugés, ni de lieux. Les hommes changent & passent. Mais le vrai courage n'est pas plus sujet à varier que le véritable honneur.

J'ajoute, au reste, que la crainte d'être chassé de votre corps est de nos jours une exagération gratuite, sur-tout si votre conduite est irréprochable, & que vous vous soyez montré conftamment prêt à braver les dangers, qui menaçaient le ſalut public. J'en appelle à la haute conſidération, dont jouit encore la mémoire de M. de Salency.

Daignez un inſtant oublier tout levain féodal; abſentez-vous, en quelque ſorte, de vous-même, & ſuppoſez qu'on vous propoſât tout à coup une nouvelle loi, dont chaque article conſacrerait les élémens du duel, à peu près en ces termes:

» 1. La peine de mort ſera de droit encourue, » non ſeulement par celui qui, dans la colere, » donnera ſoit un ſoufflet, ſoit un ſimple démenti, » mais par celui même qui fera ſoit un ſigne, » ſoit le moindre geſte équivoque.

» 2. Le plus ardent, quoique partie intéreſſée, » ſera ſeul juge proviſoire des faits, & pourra » ſeul exécuter ſa déciſion.

» 3. Les parties commenceront par ſe battre, » & ſera néanmoins ſurſis juſqu'à la fin du com- » bat, pour ſtatuer définitivement ſur la queſtion » de ſavoir, quelle eſt celle des deux qui demeu- » rera dans ſon tort.

» 4. Le mort & le vaincu ſeront toujours ré- » putés coupables, encore qu'il fut conſtant d'ail- » leurs que les torts originaires étaient tous du » côté du victorieux.

» Et 5. La victoire couvrira toutes les fautes
» passées, présentes & futures du vainqueur.
» Chacun sera tenu de le regarder désormais
» comme homme d'honneur, sous peine de mort;
» & sa gloire s'accroîtra de toutes les affaires où
» ses succès seront les mêmes, sans qu'on puisse
» jamais essayer de la ternir, sous prétexte que
» ceux qu'il aurait tués seraient les meilleurs ci-
» toyens de la république. »

Je vous le demande : comment recevriez-vous une pareille loi? Vous jetteriez les plus hauts cris. Vous vous hâteriez de vous éloigner d'un peuple qui, réduisant le brigandage & l'assassinat en principe, intervertissant tous les rapports des crimes & des vertus, immolant à plaisir l'honnête homme au scélérat, affectant de rompre sans pudeur toute balance & toute proportion entre les délits & les peines, ferait consister l'ordre public à déchaîner tous les citoyens les uns contre les autres, & les placerait sans cesse dans la douloureuse alternative d'être ou les sacrificateurs, ou les victimes de leurs freres. A la seule lecture de cet abominable réglement, vous êtes saisi d'horreur, comme si les idées qu'il contient s'offraient à votre esprit pour la premiere fois. Que venez-vous néanmoins de lire, qui ne soit le récit fidele de ce que vous enseignez & pratiquez journellement?

Ainsi le crime du duel ne vous révolte que sur

le papier. Eſt-il en action? vous vous familiariſez alors ſans peine avec lui. Que dis-je? vous ne vous épouvantez plus dans ce dernier cas, que de ce qui tend à vous empêcher de le commettre. Vous appréhendez de ne pas devenir coupable, comme d'autres frémiſſent de l'être. Vous tremblez de vous déshonorer, ſi vous ne vous déshonorez pas!

Egaré dans la nuit de l'erreur, tout vous arrête, tout vous effraie. Il faut vous offrir de près ces vains fantômes, dont vous n'oſez approcher. Il faut vous les repréſenter, il faut vous y ramener ſans ceſſe, juſqu'à ce qu'enfin vous rougiſſiez de vos pitoyables terreurs. Pour cela, calculons une bonne fois enſemble, & de ſang-froid, les prétendus riſques que vous courez, dans nos mœurs, à reſpecter la loi. Je ſuppoſe avant tout, que vous méritez d'ailleurs l'eſtime publique. Autrement, je n'aurais rien à vous dire. De plus, je tiens pour certain qu'aujourd'hui ſingulièrement le noble exemple de M. de Salency trouvera plus de partiſans que jamais, & que l'homme d'honneur aura tôt ou tard le courage de répondre avec l'éloquent Génevois: « *Je ne mépriſe pas moins celui qui* » *cherche un péril inutile, que celui qui fuit un* » *péril qu'il doit affronter* ».

On vous inſulte donc; on vous jette les gages de bataille; vous refuſez d'abord de les relever.

Vous opposez la prudence à la colere, & des raisons à des invectives. Le provocateur vous traite de lâche, il vous qualifie de J. F. il épanche à flots toute l'amertume de sa bile...... Eh bien!..... d'où naît votre impatience? à quels traits vous reconnaissez-vous là? Le tuerez-vous, parce qu'il est malade? Vous ferez-vous tuer, parce qu'il bat la campagne?..... *Il ira clabauder!* — Où? avec qui? Si ses auditeurs vous connaissent, que craignez-vous? S'ils ne vous connaissent point, que craignez-vous encore? Est-ce pour briguer le suffrage des gladiateurs, que vous enviez celui des gens de bien? L'injuste reproche de lâcheté vous fatigue-t-il plus, que le juste reproche d'homicide? Ne vous attachez-vous à la vertu, que sous la condition d'y renoncer & de la trahir, sitôt que ses ennemis l'exigeront? ou pensez-vous que votre engagement doive se résoudre, au premier sacrifice qu'elle pourrait vous coûter? — *Tout cela n'est que trop exact...... Mais pourtant...... Je ne sais.....!* — Ah! que ne peuvent-ils voir, dans le miroir de la vérité, l'humiliant état de dépression auquel ils se ravalent eux-mêmes! Les voilà, ces braves! qu'un épouvantail imaginaire fait pâlir! Il faut que l'obstacle s'affaisse naturellement devant eux. Pour peu qu'il résiste, ils se plaisent à l'environner d'écueils fantastiques, dans le ridicule espoir qu'ils pourront ainsi mettre à couvert &

leur jactance, & leur basse pusillanimité. Tour à tour infideles au crime, & réfractaires à la vertu, leur méprisable instabilité ne les rend ni moins suspects, ni moins odieux aux méchans qu'aux sages. Mieux vaudrait cent fois qu'ils parussent franchement ce qu'ils veulent être, & qu'ils déclarassent en termes exprès : *Point d'examen. Honneur & raison ne nous touchent pas. C'est en pleine connaissance de cause que nous sommes assassins ; & notre gloire est de mourir dans ces principes.*

TROSIEME PARTIE.

Sous les rapports de notre nouvelle constitution, l'usage gothique des batailles privées impliquerait, à tous égards, la contradiction la plus injurieuse aux législateurs, Ce serait une incohérence, ce serait un contresens politique, qui choquerait beaucoup plus que si nous nous servions aujourd'hui du patois, du costume & des formulaires que l'on employait aux cinquieme & neuvieme siecles. Il est bon d'apprendre positivement à ceux qu'hier encore on traitait *de plébéïens*, *de vilains & de manans*, d'où tire sa source le préjugé sur les soufflets & sur les démenis.

« A l'époque ancienne des combats judiciaires, l'accusateur commençait par déclarer, devant le juge, qu'un tel avait commis une telle action ; & celui-ci celui-ci répondait *qu'il en avait menti. Sur cela le juge ordonnait le duel.* La maxime s'établit que lorsqu'on avait reçu un démenti, il fallait se battre.

» Quand un homme avait déclaré qu'il combattrait, il ne pouvait plus s'en départir; *& s'il le faisait, il était condamné à une peine.* Delà suivit cette regle, que quand un homme s'était engagé par sa parole, l'honneur ne lui permettait plus de la rétracter.

» Les gentilshommes se battaient entre eux à cheval, *& avec leurs armes*, & les vilains se battaient à pied, *& avec le bâton.* Delà il suivit que le bâton était l'instrument des outrages, parce qu'un homme, qui en avait été battu, *avait été traité comme un vilain.*

» Il n'y avait que les vilains qui combatissent *à visage découvert.* (Les nobles combattaient la visiere de leur casque baissée.) *Ainsi il n'y avait que les vilains qui pussent recevoir des coups sur la face.* Un soufflet devint une injure, qui devait être lavée par le sang, parce qu'un homme qui l'avait reçu, *avait été traité comme un vilain.* » (1).

(1) Montesquieu, tom. 3, liv. 28, chap. 20, page 341. — Chez les Romains, les coups de bâton n'é-

Ainſi ſe ſont formées jadis les parties élémentaires de notre barbare point d'honneur. Il dérive tout entier du ſouverain mépris que les nobles vouaient aux ignobles. Il n'a ni d'autre origine, ni d'autre baſe, ni d'autre garant; enſorte que, depuis la ſuppreſſion des ordres, & depuis l'egalité conſtitutionnelle, l'antique point d'honneur, *eſſentiellement feodal*, n'eſt plus qu'un effet ſans cauſe, qu'un acceſſoire ſans principal, & qu'une ombre ſans réalité.

Que ſont donc aujourd'hui les patriotes, *ci-devant nobles*, lorſqu'ils profeſſent encore les maximes du duel? Il eſt évident qu'ils ne mentent pas moins à la patrie qu'à leur conſcience, & qu'ils reprennent d'une main les titres & les privileges, qu'ils ſemblent avoir abdiqués de l'autre. Je ris du *populariſme* que ces meſſieurs affectent, & dont ils ſe ſont tenir grand compte par des aveugles ou par des eſclaves, *qui ſe croient pourtant de chauds amis de la liberté*. Ce que vos ex-patriciens appellent *du caractere*, n'eſt ſouvent

---

taient point infâmes. *L.* 22, *ff. de his qui not. infam.*

Si dans la premiere partie de cet écrit, & ſous la ſeconde époque, je n'ai parlé que de la France, c'eſt que les autres peuples de l'europe, qui ſont régis par le droit féodal, ſont dans la même erreur que nous ſur le duel, & par les mêmes raiſons.

de leur part que l'ambition de dominer, qu'ils savent, tant bien que mal, approprier au nouvel ordre de choses. Leur fierté, persévéramment hautaine, s'alimente sans cesse, dans la pratique, de tous les dédains qu'ils étaient en possession de prodiguer à leurs censitaires. Quoiqu'ils se mêlent avec le peuple, quoiqu'ils paraissent lui rendre hommage, il y a dans leurs manieres, dans leur contenance, dans leur allure & dans leurs protégeantes civilités, tant d'analogie avec le ton qu'ils affichaient nagueres, qu'il m'est impossible de distinguer aucune solution de continuité réelle entre ce qu'ils sont & ce qu'ils étaient. *Ouvrez les oreilles*, & vous les entendrez toujours répondre de mille différentes façons : UN HOMME COMME MOI ! Ce qui signifie qu'ils sont à grande distance *d'un homme comme vous*. Le civisme abonde, il est vrai, sur leurs lévres; mais l'insolence héraldique n'en croupit pas moins au fond de leur cœur; & quand je les observe adoptant, triant & rejettant ainsi, selon leur bon plaisir, telle ou telle partie de notre constitution, ils m'intiment assez eux-mêmes que je ne dois point m'aventurer à croire indistinctement à tous leurs beaux discours.

Que font ensuite les *ci-devant roturiers*, lorsqu'ils viennent aussi se targuer du *ci-devant point d'honneur*? Conçoit-on cet excès d'extravagance? Imbécilles imitateurs ! qu'espérez-vous de votre zele à copier les cruautés de vos tyrans? Ne vous adressez-vous pas à vous-mêmes & les injures & les humiliations, dont vous vous plaigniez tant autrefois? Ne rétablissez-vous pas l'orgueilleuse inégalité, que vos magnats avaient mise entre eux & vous? Insensés! c'est méconnaître, c'est déchirer de vos propres mains les décrets qui brisent vos premiers fers. Ah! si vous n'avez pas le courage de haïr la gladiature par devoir, sachez donc au moins y renoncer par amour-propre.

Les conquérans & les duellistes sont deux sortes de malfaiteurs, qui font gloire d'exercer le brigandage, les uns en grand, les autres en détail; & l'on estime ceux-ci par suite du même préjugé, qui porte à considérer les autres. Faible & crédule, l'homme est naturellement enclin à regarder comme des êtres extraordinaires tous ceux qui, dans quelque genre que ce soit, donnent ou paraissent donner des preuves d'une force (1) supé-

(1) On peut ici prendre le mot *force* dans la plus grande étendue. Force corporelle, adresse, science, esprit, talent, richesse, crédit, la multitude saisit avec avidité tout ce qui réveille des idées de prééminence. Elle aime les assauts comparatifs, le bruit, le mouvement, les obstacles & tout ce qui l'agite. La vertu tranquille l'émeut à peine.

rieure à la mesure commune. Il les suppose investis d'une partie de la puissance céleste. Il révere sur-tout les guerriers, comme il adore ces dieux antropophages, auxquels il sacrifie ses enfants. Tels nous avons été depuis le berceau de la monarchie. Mais la chûte du fanatisme & de la tyrannie nous délivre de cette foule d'erreurs, qui leur servaient de boulevards. Aujourd'hui nous pouvons publier hardiment ces étonnantes vèrités, que les plus grands génies tenaient captives, parce qu'ils craignaient toujours qu'on ne les accusât & qu'on ne les punit d'avoir dérobé le feu sacré. Plus de nuages intermédiaires entre nous & les objets qu'il nous importe d'approfondir. La perception est directe, & le contact est immédiat. Ce même peuple si facile & si confiant, tant qu'il n'est point éclairé, n'en devient que plus redoutable, sitôt qu'il s'apperçoit qu'on le trahit, & qu'on le joue. En vain les rois s'étaient-ils adjugé les honneurs de l'apothéose; en vain les conquérans s'étaient-ils proclamés des demi-dieux; en vain de

---

D'un autre côté, de ce que la puissance de détruire se réalise avec plus de promptitude que la puissance d'édifier, on semble en induire qu'elle est aussi plus considérable; & les hommes sont, hélas! sur ce point, des enfans à tout âge!

sacrileges pasteurs, plutôt prêtres du veau d'or que ministres de la religion sainte, semblaient-ils s'être mis à la place du tout-puissant, & s'appliquer les hommages qui s'élevaient jusqu'au trône du très-haut : le grand jour de la raison & de la philosophie brille enfin sur tous les points de notre horison. Aussi-tôt paraît un peuple de géans. Il lance avec indignation les rochers de la bastille & de la féodalité, contre cette énorme multitude de dieux usurpateurs. Plus heureux que les géans de la fable, il les écrase de son pouvoir suprême ; & les forçant tous à redevenir désormais de simples mortels, il venge, du même coup, & le ciel & la terre de leurs longs attentats.

Est-ce là néanmoins le plus admirable prodige de notre révolution ? Non. Les annales de l'histoire nous fournissent d'autres preuves de ces élans subits, d'après lesquels on est presque obligé de convenir que, si la voix du peuple est la voix de Dieu, souvent aussi la puissance du peuple est la puissance de Dieu même. On conçoit que vingt-quatre millions d'esclaves peuvent, quand ils le veulent, écraser leurs tyrans. Mais ce qui distingue éminemment la France de toutes les générations passées, c'est d'avoir rendu permanens ces actes célebres de vigueur & de sagesse ; c'est d'en avoir fait pour toujours l'état habituel de chaque partie de l'Empire, en posant les bases immuables de notre heureuse constitution. Aujourd'hui les rois sont définis; *leur maître & leur souverain* est rentré dans la plénitude de ses droits; les conquérans, réduits à leur juste valeur, sont couverts d'opprobre; la nation entiere se soumet à la loi primitive, qui proscrit les fléaux de la guerre, & ne permet de repousser la force par la force que dans le seul cas d'une légitime défense; toutes les autorités oppressives & vexatoires sont enchaînées ou détruites; la philanthropie devient, dans toute sa latitude, un devoir national; & la France joint à l'honneur d'offrir au genre humain le contrat de paix perpétuelle, l'honneur plus touchant encore de le signer la premiere.

Français! applaudissez à votre ouvrage. Il est digne de votre loyauté. Le peuple de la terre le plus juste, sera nécessairement aussi le plus heureux.

Mais serez-vous plus barbares envers vos concitoyens, que vous ne l'êtes envers les nations étrangeres? En renonçant à toute guerre offensive au-dehors, conserverez-vous au-dedans la mode désastreuse des batailles privées? Faudra-t-il que vos voisins, jaloux de votre gloire, trouvent jusques dans vos vertus publiques, & dans votre magnanimité constitutionnelle, un nouveau prétexte & même un nouveau motif de vous accuser d'inconséquence ? Voulez-vous qu'ils attribuent à votre antique légéreté, plutôt qu'aux sentimens éclairés de la conscience nationale, les changemens & les institutions immortelles, qui vous assignent le premier rang dans la hiérarchie des peuples ? Vous ne me désavouerez pas. S'il vous eût été possible, sans compromettre la sûreté du Royaume, de vous interdire pour toujours les tristes effets des guerres défensives, vous en eussiez fait le serment avec allégresse.

Et pourquoi ces sortes de guerres, purement répulsives, sont-elles inévitables ? Abstraction faite de ce qu'un Empire, ne pouvant empêcher qu'on ne l'attaque mal-à-propos, ne peut pas plus qu'un individu se priver de sa légitime défense, il n'est aucun tribunal intermédiaire, où l'on puisse porter les différens de deux nations opposées, & juger leurs droits respectifs. Nul frein commun, nulle loi réciproque entre elles. Les peuples, hélas ! n'ont point encore eu de remords ! la force, la seule force est leur arbitre suprême dans leurs relations mutuelles. Elle leur tient encore lieu de toutes moralités. Dans l'état de civilisation, il n'existe de peuple à peuple, non plus que d'homme à homme dans l'état primordial, ni vertu, ni principe. De part & d'autre la brutalité regne à la place de la raison; & de part & d'autre la licence est extrême. En un mot, la vie relative des corps politiques eſt l'état de nature dans l'état de ſociété. (1) Il faut donc indiſpenſablement décider par la force ce qui ne peut l'être par la juſtice. Delà les grands duels,

Mais dans l'intérieur de nos cités, nous avons des regles ; nous avons des magiſtrats ; nous avons la force publique, qui, veillant pour tous, ne permet plus à perſonne de tourner la ſienne propre contre les décrets de la volonté générale. Demeurer fideles à ces autorités, qui ſont aujourd'hui notre ouvrage, c'eſt n'obéir qu'à nous-mêmes. Après avoir juré tous de ne recevoir que de la loi les diverſes ſatisfactions, que nous pourrions avoir à prétendre, irons nous maintenant enfreindre ces ſermens ſolemnels, pour le barbare plaiſir de nous aſſaſſiner mutuellement ? Serons-nous avec un code de paix, ce que l'on était dans une cour & ſous un gouvernement purement militaires ? Conſerverons-nous, ſous le régime de la liberté, les mêmes goûts, les mêmes mœurs, les mêmes vices, qui nous déshonoraient & nous tourmentaient dans l'abjection de la ſervitude ? Citoyens !

---

(1) J'emprunte ces dernieres idées d'un autre ouvrage, qu'il n'eſt peut-être pas encore tems de produire, & dans lequel je viens de traiter une de ces queſtions fondamentales, les plus hardies que l'on puiſſe aborder. Plus l'objet eſt ſérieux, & plus je dois le laiſſer mûrir.

ces armes qui, dans la main des nobles & des esclaves, furent l'instrument de l'oppression, seront-elles dans les nôtres le palladium de notre liberté personnelle, si, dans aucun cas, elles servent aux patriotes à s'entre-massacrer les uns les autres ?

Les gardes nationales, dont le zèle infatigable acquiert tous les jours des droits éternels à notre reconnoissance, sont un des plus fermes appuis de la constitution. Pressées au tour de ce dépôt sacré, ces braves légions forment une phalange inaccessible, contre laquelle se brisent tous les efforts de la malveillance & de la rage. Elles donnent au genre humain une grande & belle leçon sur le véritable usage de la force armée. Leur service est une succession continuelle de victoires; & dans leur courageuse prudence, elles savent tout à la fois nous garantir des atteintes de nos ennemis, & les sauver eux-mêmes, sans verser une goutte de sang, des dangers auxquels ils s'exposent par leur folle inconsidération. Sous les drapeaux tutélaires du civisme, la patrie triomphe de toutes parts, & l'humanité n'a pas une seule larme à répandre.

Livrez aux fureurs du duel les bataillons de cette armée citoyenne, & bientôt elle ne sera plus. Ils s'entre-détruiront eux-mêmes, ainsi que les malheureux soldats de Cadmus. D'un bout de l'empire à l'autre, les gardiens de la constitution la plus pure & la plus philantrope, courront à *l'honneur*, au milieu des parricides & des assassinats domestiques, comme les prêtres de la ligue couraient *au salut*, à travers toutes les horreurs du fanatisme. Chacun tremblera d'entrer dans un corps, où le crime usurpera les éloges dûs au courage, & qui, loin de se consacrer à la défense de tous, couronnera celui qui viendra d'égorger son camarade. La mere, l'épouse & la fille arrêteront leur fils, leur époux & leur pere. Nous resterons encore à la merci d'une troupe de gladiateurs; & la liberté s'éloignera pour jamais d'un peuple frivole, qui n'aura su que profâner ses autels.

L'amour de la vie ne doit point l'emporter sur *l'amour de la patrie*, toutes les fois que le salut de celle-ci commande le sacrifice de l'autre. Mais quel rapport entre le duel & ce grand principe d'héroïsme, qui ne peut être contesté que par des esclaves ? Si l'intérêt général est la juste mesure des honneurs que vous décernez dans le premier cas, cette même regle ne vous force-t-elle pas à couvrir d'ignominie le spadassin, qui poignarde ceux qu'il doit défendre, & qui, se faisant tuer lui-même, par pur caprice, contribue de tout ſon pouvoir, à tarir d'avance les reſſources dont on a beſoin, dans ces criſes difficiles, où tous les membres du corps ſocial doivent ſe réunir pour conjurer les orages qui menacent la république? Perſécutés, honnis, mépriſés, ſerfs depuis un long eſpace de ſiecles, nous nous félicitons d'avoir enfin une patrie que nous puiſſions chérir.

Or, qu'eſt-ce que l'amour de la patrie, ſinon l'amour de tous ſes concitoyens, ſi non l'obligation de les aider & de les protéger envers & contre tous, ſi non l'ardent deſir de trouver ſon bonheur individuel dans le leur propre? Comment donc concilier ces devoirs, avec la férocité des rencontres & des combats ſinguliers? A quoi ſert de me préſerver du fer de l'Autrichien ou de l'Eſpagnol, ſi ce n'eſt que pour vous ménager l'affreux plaiſir de m'égorger vous-même ſur mes foyers?

Si courage & loi ſont incompatibles ſelon vous; ſi la bravoure eſt excluſive de la juſtice & de la vertu; ſi l'honneur eſt le fléau de la raiſon & de l'humanité, qu'eſt-ce que tout ce jargon moral & politique que vous me prônez avec tant d'emphaſe? Votre état de civiliſation m'eſt mille fois plus funeſte que l'état de nature. Quoique les loups ſe battent, ils ſe bleſſent rarement, & ne ſe détruiſent jamais. Leurs armes ſont moins cruelles que les vôtres. J'ai rempli, moi, de mon côté, les engagemens auxquels vous m'avez ſoumis, en me faisant signer votre contrat social. Je vous ai payé le tribut de mon travail & de mes sueurs; j'ai partagé ma fortune avec vous. J'ai risqué ma vie pour sauver la vôtre; vous avez exigé le sacrifice d'une grande partie de ma liberté premiere; je l'ai fait. Je me suis aliéné, je me suis livré tout entier à vous, dans l'espoir qu'à votre tour vous seriez fideles à vos obligations envers moi. Vous m'avez juré de me garantir la paisible jouissance de ce qui me restait de moi-même. Ma personne devait sur-tout être inviolable, sous la foi de vos institutions si vantées.......... Et néanmoins, au mépris de tant de promesses solemnelles, on peut m'attaquer, on peut me tuer impunément, en vertu de conventions tacites que j'ignore, & qui subsistent entre votre prétendue police & certaine classe d'assassins privilégiés! Imposteurs publics! reprenez vos perfides bienfaits. Rendez-moi ma rudesse & ma liberté primitives. Je suis trop puni d'avoir osé douter de la nature, & d'avoir présumé plus des hommes, que de ses tendres & prévoyantes sollicitudes. Ou si, forts de ma dégénération & de vos injustices, vous persistez à me retenir sous votre joug odieux, je saurai, du moins, à votre exemple, m'affranchir de vos fallacieuses moralités. Rapportant désormais tout à moi seul, je déclare qu'autant de fois je pourrai violer impunément ces lois impuissantes & vaines, lorsqu'il faut me ſecourir, autant de fois je les enfreinderai, quand mon intérêt perſonnel ſera de les fouler aux pieds.

Sous un gouvernement franc & loyal, *la tolérance* n'eſt plus une voie ſouterraine, c'eſt une véritable autoriſation expreſſe. Ainſi ſouffrir qu'un citoyen en maſſacre un autre pour la moindre injure, c'eſt accorder à tous la même faculté. Mais....... dépoſer le droit de vie & de mort, dans la main de chaque individu, c'eſt diſſoudre auſſitôt le corps politique. Ne réſerver qu'à quelques particuliers le privilége d'être juge en ſa propre cauſe, & de tuer à ſa fantaiſie, tandis que les autres, en mêmes circonſtances, ſubiront une peine capitale, c'eſt au moins ſaper par la baſe tous les principes de l'égalité. Que faire donc? où prendre la moyenne proportionnelle que l'on pourrait aſſeoir ici (1)?

---

(1) Séparera-t-on le glaive & le piſtolet, du poignard & du bâton? Ira-t-on dire aux parens du défunt, que, s'ils peuvent ſe plaindre quand il meurt par l'une des deux dernieres armes, ils doivent ſe taire quand il meurt par l'une des deux premieres? La queſtion d'ordre public changera-t-elle auſſi, ſuivant la qualité des meurtriers? Le cas ſera-t-il plus grave, ſi c'eſt *Jean*, que ſi c'eſt *Edouard* qui tue?

Ce n'eſt pas tout, il faut épuiſer les conſéquences. Nagueres les duels admettaient de part & d'autre pluſieurs champions, qui combattaient en même temps, & l'uſage n'en eſt pas encore tellement aboli, que les gladiateurs ne puiſſent le faire revivre, ſi bon leur ſemblait. Or, partons de cette baſe. Des batailles privées entre deux hommes, ſont nées celles plus ſérieuſes entre dix & vingt adverſaires. Mais, où la raiſon & la loi ſont nulles, rien ne peut reſtreindre ni limiter ce nombre. Si deux, ſi dix citoyens peuvent unir leurs reſſentimens, & devenir les ſeuls arbitres de leurs vengeances collectives, pourquoi ne pourrait on pas former des ligues beaucoup plus étendues? pourquoi tel régiment ne marcherait-il pas contre tel régiment; tel diſtrict, contre tel diſtrict; tel département, contre tel département? Pourquoi la moitié de l'empire ne s'armerait elle pas contre l'autre moitié? Eh! n'allez pas répondre que ces déductions ſont forcées. Elles ſont épouvantables, mais elles n'en ſont pas moins immédiatement liées à leur cauſe. C'eſt dans la choſe, & non dans l'argument que ſe trouve l'excès, qui glace d'effroi. Ainſi donc, en bonne dialectique, & dans l'exactitude même des faits, la guerre civile n'eſt qu'une fatale expanſion du duel dans toute ſa latitude; & la tolérance qu'on accorde à l'un, doit, par suite, profiter & mener tôt ou tard à l'aurre.

L'histoire de tous les peuples passés, apprend, à qui sait y lire, que parmi les problêmes qu'on rencontre dans la carriere politique, le plus difficile, si même il n'est pas insoluble, est celui qui consiste à découvrir les meilleurs moyens *de subordonner, dans la pratique, comme il l'est dans le droit, le pouvoir militaire au pouvoir civil;* ensorte que celui-ci puisse toujours s'appuyer de l'autre, sans en avoir jamais rien à craindre. Par tout la force armée devint l'écueil des états les mieux affermis. Elle commença d'abord par dédaigner d'obéir aux loix; puis elle fonda le despotisme, nécessita l'anarchie, & fit tomber la république en poussiere, après l'avoir long-temps accablée de tous les maux, auxquels les nations peuvent être exposées. Plaise au ciel! que le même génie bienfaisant, qui vient de réveler à la France, les grands principes de la félicité publique nous indique encore l'art de perpétuer à jamais, en combinant tellement justice & la force, que ces deux puissances, lieu d'être rivales, & d'avoir des intérêts opposés, s'honorent toujours de se prêter un secours réciproque, pour l'éternel triomphe d'une aussi

belle

belle constitution ! Eclairés de l'expérience de tant de siecles, puissent citoyens & soldats, en quelque poste qu'ils soient placés, moins savoir que sentir, par une sorte d'instinct traditionnel, que l'on ne peut être heureux & libre qu'autant que l'on exécute, avec une religieuse ponctualité, les loix qui sont l'expression de la volonté générale, *quelles qu'elles soient !* Puissent-ils dire & répéter sans cesse à leurs derniers neveux, que le bonheur & la liberté *ne sont que là*, & que toutes les fois qu'on veut les chercher ailleurs, on ne trouve infailliblement que l'esclavage & le désespoir !

Mais est-ce en maintenant la scandaleuse indépendance que s'arrogent les duellistes, qu'il sera possible d'atteindre le but desiré ? Depuis les premiers jours de la monarchie, est-il aucune époque où les prétendues regles du point d'honneur aient été plus inquiétantes qu'aujourd'hui ? Quoi ! quatre millions d'hommes vont être armés dans le sein de l'empire. Tous doivent être munis des moyens de résister individuellement aux ennemis, tant intérieurs qu'extérieurs. Quoique les dangers attachés à la permanence des corporations civiles les aient fait supprimer toutes, il a fallu laisser subsister & multiplier même les corporations militaires. Régimens, compagnies, bataillons, divisions, canoniers, chasseurs, grenadiers, volontaires - nationaux, troupes de ligne, armées partielles sur terre &

ſur mer, chacun de ces divers corps, déja redoutables par leur ſeule exiſtence, peut l'être davantage encore par des préventions communes, par un eſprit aggrégationnel, par un ſervile engouement pour tel chef, ou par une haine aveugle contre tel ſubalterne. (1) On leur défend de délibérer, parce qu'on appréhende à juſte titre que la chaleur de la diſcuſſion n'embraſe, & ne dévore ſoudain tant de matieres inflammables. On ſemble ici vouloir que les précautions ſoient en meſure avec les périls. Puis, tombant tout à coup dans un relâchement inattendu, l'on oſerait de ſang-froid propoſer de fermer les yeux ſur les aſſaſſinats des ſpadaſſins? On livrerait les citoyens & les loix à la diſcrétion de ſoldats, qui ne ſont inſtitués que pour le ſalut des uns, & l'exécution des autres? On habituerait les militaires à ne reſpecter

(1) Si certaines gens ne trouvaient pas toujours d'énormes difficultés, à ce qui eſt bon quand il eſt ſimple, je demanderais pourquoi l'on ne ferait point paſſer ſucceſſivement le même homme d'une compagnie dans une autre, d'un régiment dans un autre, &c. afin d'atténuer les inconvéniens ſi ſérieux de la permanence de ces coalitions armées. Il faut, *ſi nous voulons reſter libres*, que chaque citoyen ſoit complettement armé. Mais il faut auſſi, pour la même fin, que la loi dirige ſeule l'uſage de nos armes.

aucun frein dans les querelles générales, par l'indulgence criminelle qu'ils auraient usurpée dans les querelles particulieres. Nos milices nationales deviendraient de nouvelles gardes prétoriennes? La constitution serait encore le boulevard des forts & la désolation des faibles? Ah! loin de nous ces terribles anxiétés! loin de nous ce penser douloureux, qu'il faille que le Français, s'il n'est la victime de ses prêtres, soit le vil jouet de ses législateurs! Non, les sages & courageux artisans de la déclaration des droits ne permettront jamais que le préjugé le plus caractéristique du despotisme féodal, s'allie, dans nos nouvelles mœurs, à la pureté de leurs décrets.

Ici l'on m'arrête. Des cris universels s'élevent contre plusieurs de ceux, à qui je dénonce l'usage des combats singuliers. On les nomme, on les récuse de toutes parts. C'est, dit-on, demander vengeance du duel, à ceux mêmes qui s'en sont montrés les zélés sectateurs.

A Dieu ne plaise que j'aille souiller ma plume à pallier dans les uns l'horrible abus, que je déteste dans les autres! Plus je respecte la qualité de membre du corps constituant, & plus je m'indigne contre les députés qui, se jouant eux-mêmes de ce titre auguste, ont porté jusques dans le sanctuaire de l'Assemblée nationale les féroces maximes, qu'ils ont puisées dans les gymnases & dans les salles d'armes. Que *Charles XII*, que *Louis XIV*, que *Frédéric II*, que tant d'autres illustres brigands eussent été mettre l'épée à la main en champ clos, après avoir fait dans leur conseil de beaux préambules sur la nécessité d'obéir aux loix, il n'eut pas fallu s'en étonner. Un tyran qui ne mene que des esclaves, n'est pas même astreint à prendre avec eux le masque de la pudeur & de la vérité.

Mais lorsqu'un peuple souverain a confié l'exercice de sa toute-puissance à des hommes, qu'il a spécialement chargés du soin d'anéantir les abus qui l'oppressent, & les préjugés qui l'avilissent, quelle excuse donneront-ils de leur défection, s'ils favorisent les maux qu'ils doivent guérir, & qu'il les cite à son tribunal suprême? C'est-là que je les somme de répondre.

Oseront-ils produire à leur décharge ces prétextes, ces puérilités, ces bêtises atroces, que d'obscurs gladiateurs feignent de regarder comme des raisons péremptoires d'égorger un citoyen? Feront-ils intervenir devant la majesté de l'ordre public, à qui tout doit céder, le sentiment de leurs passions & de leurs foiblesses individuelles? Diront-ils, en d'autres termes, qu'ils ont préféré le suffrage *de spadassins, qu'ils méprisent*, à l'honneur de justifier, sous tous les rapports, la haute confiance qu'ils ont reçue de leurs commettans ? Que diront-ils donc ?

Quand la nation a choisi ses députés, & qu'elle leur a dit : *allez sauver la France*, ils ont promis de s'oublier eux-mêmes, & de ne considérer jamais, dans leurs nobles travaux, que la justice d'une part, & l'intérêt général de l'autre. L'homme public a dû faire absolument disparaître l'homme privé. Le premier pouvait seul s'asseoir aux états, le second a dû rester dans ses foyers jusques à la fin de la session. S'ils eussent pu quitter & reprendre alternativement le caractere de l'un & de l'autre, il s'ensuivrait qu'il leur aurait été permis de suspendre, à leur gré, la représentation de ceux qui les envoyaient. Chose manifestement absurde.

Que vois-je donc dans l'odieux combat du 10 Août 1790 ? Est-ce *Barnave* qui brûle la cervelle à *Cazalès* ? Non. C'est une portion du département A, qui déclare & fait la guerre à une autre portion du département B, en présence de plusieurs sections de divers autres départemens : ou si vous l'aimez mieux, vu l'unité, vu l'indivisibilité de la représentation nationale, c'est la France entiere qui se déchire elle-même de ses propres mains. Ce n'est plus, comme dans les plaines de l'Italie, ce majestueux arbitrage, de l'événement duquel *Albes* & *Rome* attendaient chacune leur ſalut. C'eſt l'effroyable analyſe de toutes les horreurs & de toutes les lâchetés de la guerre civile. Eh ! ce qu'il y a de plus perfide encore, c'eſt que, tandis que les repréſentans ſe battaient à outrance & s'aſſaſſinaient ſans pitié, les repréſentés, unis tous de cœur & d'eſprit, offraient à l'Europe interdite l'admirable ſpectacle d'une grande famille, qui ſe diſpute la gloire d'abjurer ſes erreurs particulieres, & de ſacrifier ſes intérêts locaux à la ſuprême loi de l'intérêt général. Telles ſont enfin les circonſtances de ces ſortes de duels, que, ſoit que l'on conſidere ce qui ſemble, ſoit que l'on examine ce qui eſt, le menſonge & la vérité ſe préſentent l'un & l'autre ſous des couleurs également révoltantes.

Delà qu'arrive-t-il ? Le reſpect, que l'on doit à la premiere nation du monde, ſe trouve compromis dans la perſonne de ſes mandataires, & par leur propre fait. Il ne s'agit pas d'un ſimple ambaſſadeur, qui ferait partager à ſa cour la honte des délits graves, qu'il commettrait dans le lieu de ſa miſſion. On ne s'accoutume point à penſer que ce ſont les légiſlateurs mêmes de l'empire, que l'on voit s'échapper de la diéte pour aller ſur le pré, s'y débattre dans la fange du ſpadaſſinage. Si le philoſophe ſe perſuade à peine qu'il puiſſe ſortir de bornes loix de têtes auſſi déſordonnées, que dira l'homme faible, que dira le mécréant, qui croit s'indemniser de la perte de ses priviléges, lorsqu'il déclame avec les fureurs de la calomnie contre les plus sublimes décrets? Plus il importe d'appeller la confiance sur le corps législatif, à l'époque d'une régénération qui doit briser tous les anciens rapports, & moins on pardonne aux députés d'ajouter encore à l'amertume des privations, en accumulant eux-mêmes les incertitudes des ames timorées, qui, malgré l'évidence, doutent toujours si notre admirable constitution est l'ouvrage de la sagesse, ou si c'est le funeste don d'un génie malfaisant.

Un député s'appartient beaucoup moins qu'aucun autre citoyen. Les suffrages qui se réunissent sur sa tête à l'instant de l'élection, le détachent de tout ce qui le touche privativement. Comptable de son tems, de son zele, de ses fautes, & de ses vertus, de sa vie, & de sa mort même, il faut qu'il laisse sur la terre tout ce qu'il a d'humain & d'impur, & qu'élevé par le peuple à la plus haute dignité de l'ordre social, ses discours & ses actions témoignent par-tout qu'il apporte du sein de l'éternelle justice les regles, qu'il vient nous prescrire. S'il n'est pas tout ce qu'il peut être, il n'est plus qu'un parjure & qu'un traître. Est-ce acquitter sa dette, quand la patrie est en danger, que d'offrir le stérile tribut de la moitié de ses forces? Ombre de *Thémistocle!* venez apprendre à des enfans, qui naissent d'hier à la liberté, ce qu'il faut faire pour s'en rendre dignes. Venez leur tracer la distance qu'il y a, de l'irascibilité de l'amour-propre à la magnanimité du civisme, & des devoirs de l'homme d'état aux basses affections de l'homme inutile. Qu'ils rougissent de leur petitesse, en voyant de près qu'insensible aux outrages *d'Eurybiade*, vous sembliez abandonner votre personne à ses brutalités, pourvu qu'il vous permit de sauver la république !

Ce courage n'est point celui de nos législateurs-duellistes. Ils auront beau s'appuyer de l'excuse bannale. Ils auront beau se retrancher dans la différence des tems & des mœurs : je les y poursuivrai, je les confondrai toujours par cette seule interpellation : *dans les diverses manieres de trahir & de perdre son pays, en connaissez-vous une qui puisse être légitime ?* Non sans doute ? Eh bien ! suivez-moi : vous avez la tête pleine d'un vaste projet, d'où dépendent le bonheur & la sureté de l'empire. Vous seul l'avez conçu, vous seul pouvez l'établir & le faire prévaloir. C'est demain que la question est à l'ordre du jour ; & vous êtes prêt. Mais, soit qu'il l'ignore, soit qu'il en soit instruit, un scélérat ferrailleur vient aujourd'hui vous chercher querelle. Il vous appelle, il vous cite........ Vous réfléchissez.........! Vous hésitez........! Ainsi délibérait *César* sur les bords du Rubicon, quand il voulut asservir Rome........! Et comme lui, vous préférant à l'état, vous vous écriez: *le sort en est jetté*! Vous allez vous battre, vous êtes tué par votre adversaire, & avec vous périt sans retour........ Ah! je n'ose achever. Un frémissement d'indignation semble m'anéantir sous toutes les angoisses de la réalité! Juste ciel! quelle est donc votre maniere d'aimer la patrie? Si le *consul*, *Manlius Torquatus*, plus attentif à l'austere voix du bien public qu'aux cris touchans de la nature, & séparant avec effort le pere du magistrat, fit trancher la tête à son propre fils parcequ'il avait combattu contre sa défense, quoiqu'il eut remporté la victoire sur les ennemis, que faire à l'égard d'un membre même du corps législatif qui quitte son rang, au milieu de la crise générale, & qui, dans le cas ci-dessus proposé, sacrifie tout à la fois & loix, & bien public, & nature, & pudeur? Pourquoi? pour aller spontanément se placer dans l'affreuse alternative, ou de commettre un crime de leze-nation, ou de se souiller d'un assassinat! (1)

---

(1) Après avoir été plusieurs fois consul, *Manlius Torquatus*, (celui même qui s'était signalé par sa piété filiale) refusa le consulat une derniere fois, en disant: *Il ne m'est plus possible de souffrir les vices du peuple, comme le peuple ne peut plus souffrir ma sévérité.*

Conçoit-on, au reste, ce que peut être la liberté des opinions dans une assemblée, soumise à l'influence du spadassinage? La chaleur de la discus-

---

Ne se plaindra-t-on pas aussi de la mienne, surtout envers certains députés, quoique je n'aie pas eu l'honneur d'être consul? A quoi je réponds :

Verité, justice & liberté, trois vertus qui n'en font qu'une, furent toujours mes seuls guides. Ce n'est ni pour *Mirabeau*, ni pour *la Fayette*, ni pour *Lameth*, ni pour aucun autre, que je suis & serai toute ma vie fidele à la constitution. Loin de moi le culte de ces idolâtres, qui ne peuvent avoir de Dieu, s'ils ne le réalisent sous une figure matérielle & périssable. Je ne veux que la loi pour puissance intermédiaire entre l'être suprême & moi. Je ne me serais laissé vaincre en patriotisme, ni par *Caton*, ni par *Brutus*. Mais je n'oublie point non plus que *Caton* était tellement convaincu que l'obéissance à la regle est l'unique appui de la liberté, qu'il allait jusques à dire : *S'il était décidé qu'on ne doit entrer au sénat que du pied droit, je n'y entrerais jamais du pied gauche.* — Attaché par une sorte d'instinct, plus encore que par principe, à tout ce qui est honnête & bon, & ne me trouvant bien que dans le cercle de la loi; n'estimant les hommes que ce qu'ils valent en soi, sans m'arrêter, ni aux extases de la multitude, ni á leur réputation, ni á leur fortune, ni á leur place, ni à tout ce qui n'est pas eux; quoique doué, pour mon malheur, d'une excessive sensibilité, marchant á mon but d'un pas ferme & droit, & ne fléchissant devant aucune de ces vaines considérations

ſion ne permet pas toujours de meſurer ſes termes. Souvent, dans les rapides éclairs des apoſtrophes & des repliques, il échappe aux orateurs les plus cir-

---

perſonnelles, que je ne vois jamais réclamer que par les forts contre les faibles; me souciant très-peu de plaire, pourvu que je ſois utile, & beaucoup plus jaloux de mon devoir que de mes intérêts; implacable ennemi de l'oppreſſion, *ſur quelque individu qu'elle tombe, ſous quelque forme qu'elle ſe produiſe, & de quelque part qu'elle arrive*, dignitaires, riches, grands, miniſtres, rois, tous viennent après ma conſcience, & c'eſt celle d'une âme auſſi juſte qu'imployable. — *Par une conſequence directe des mêmes ſentimens*, j'abhorre ces tribuns ignorans & préſomptueux, qui, toujours révoltés, ſoit contre la loi, ſoit contre les fonctionnaires publics, & prenant ſans ceſſe la brutalité pour du caractere, les vociférations pour l'éloquence, le délire pour le zele, imaginent que celui qui ſe pique d'être le plus bruyant & le plus inquiet, eſt le citoyen par excellence, croient que ſervir le peuple, c'eſt le careſſer à tout propos, & ne ſauraient concevoir qu'on puiſſe être *en même temps*, & *par les mêmes raiſons* docile & libre, attentif & confiant, intrépide & froid, ſage & fier, indépendant des perſonnes & ſoumis aux choſes.

Telle eſt ma profeſſion de foi. J'en appelle á tous ceux avec qui j'ai pu vivre d'une maniere intime. N'allez ſur-tout pas empoiſonner mes intentions, & trouver, *pédanteſquement*, de l'orgueil, où je ne mets, moi-même, que la noble franchiſe d'un homme d'honneur. Mais recevez ſeulement, en ceci, de nouveaux conſpects, s'ils ſont véhéments, des ſaillies brulantes, qui terraſſent l'adverſaire, & le couvrent de pouſſiere. Mais s'il eſt brutal, & qu'il ſoit

---

motifs de me juger avec plus de rigueur, dans l'exercice des fonctions délicates dont je ſuis honoré.

Or, était-ce à moi de compoſer avec l'amour-propre des *députés duelliſtes*? Devais-je être plus indulgent, parce qu'il fallait être plus ſévere? Non, l'ordre public n'admet pas ces fatales exceptions. Je les accuſe ici tous, avec la même loyauté, que j'aime à reconnaître les grands & importans ſervices, que pluſieurs d'entre eux nous ont rendus d'ailleurs.

Mirabeau, que je pleure avec toute la France, en dépit de ſes rivaux, & qui nous était encore néceſſaire pendant dix ans, quoique je ne me diſſimule point que l'on ne pouvait trop s'en défier; *Mirabeau*, que ſes détracteurs & ſes admirateurs traitent avec une égale partialité; *Mirabeau*, qui contribua plus qu'aucun autre à briſer nos chaînes, quoiqu'il ait plus d'une fois, depuis, voulu ſervir le pouvoir exécutif, aux dépens de la conſtitution; *Mirabeau*, que ſes talens & ſa rare perſpicacité placent au-deſſus de tous ſes collégues, quoiqu'il ne fut pas toujours, dans ſon éloquence mâle & dans la magie de ſes tableaux, s'arrêter au terme des poſſibles, & qu'il manquât ſouvent de l'heureuſe préciſion d'un goût exquis, parce qu'il voulait, ſans ceſſe, ſurenchérir ſur lui-même, par des idées ou des expreſſions violemment contournées, qui, loin d'être des moyens additionnels, n'offraient plus que d'aſſez mauvais tours de force; *Mirabeau*, dont le génie créa, habile gladiateur, tous l'attaqueront-ils en pleine diéte, avec une égale confiance ? Aucun d'eux n'appréhendra-t-il qu'il ne veuille leur prouver en

---

pour ainſi dire, le ton, les formes, le dictionnaire, l'attitude, le mode d'exiſtence adoptés par l'aſſemblée nationale, & détermina ce majeſtueux caractere qui convenait à la repréſentation d'un grand peuple ; *Mirabeau* qui, malgré la défaveur perſonnelle, avec laquelle il était entré dans la diette, en devint l'athléte le plus robuſte, & que je comparerais au dieu Briarée, s'il eût toujours pu joindre aux reſſources de ſa tête, cet aſcendant irréſiſtible, qui naît d'un cœur pur & d'une vie irréprochable ; *Mirabeau*, qui, plein de vues ſublimes & vraiment coſmopolites, verſa la lumiere à flots, ſur toutes les queſtions qu'il abordait, retira l'aſſemblée de tous les pas difficiles où les circonſtances l'engageaient, & qui, faiſant ſeul effort contre les exagérations des deux partis, tenait lieu de contre-poids, & conduiſait inſenſiblement les choſes au degré de maturité qu'elles devaient acquérir, quoi qu'il ne fit ſouvent que s'approprier l'eſprit & les penſées d'autrui ; *Mirabeau*, enfin, qui, malgré tous ſes vices, & malgré toutes ſes aberrations, ſera toujours, non ſeulement un grand homme, mais encore le premier fondateur de la liberté françaiſe ; *Mirabeau*, dis-je, a-t-il cru devoir accepter un ſeul des nombreux cartels qui lui furent propoſés ? Quel dedain foudroyant dans l'accueil, qu'il fit à tous ces miſérables appels ! Braves gladiateurs ! qui vous hâtez ici de calomnier ſon courage, un mot, s'il vous plaît. Ne parlons pas, ſi vous champ-clos qu'il avait raison à la tribune ? Faudra-t-il aussi qu'ils aient........ *de l'honneur* !

Je me trompe apparemment. Mais je goûte quelque plaisir à penser qu'un député, sincérement patriote, ne devrait pas avoir besoin de tant de motifs invincibles, pour braver les tristes maximes du duel. La tendre inquiétude que le bon peuple témoigne, chaque fois qu'il a l'oreille frappée de ces malheureuses provocations, devrait seule les faire avorter. Il est si doux de céder aux craintes de l'amitié ! Trembler sans

---

voulez, de sa stoïque contenance, & de sa gaieté même dans les bras de la mort. Mais quand il fallut s'élancer contre cent despotes réunis, & se mesurer avec eux, corps à corps, quel est celui de vous qui le précéda dans la carriere ? De quelle bouche est partie cette réponse héroïque, faite à l'esclave Brezé : *Allez dire à ceux qui vous envoyent, que nous sommes ici par la volonté du peuple, & que nous n'en sortirons que par la puissanee des baïonettes.*

Dans l'assemblée constituante, dans la garde nationale, dans l'armée, dans tous les emplois, d'un bout du royaume à l'autre, ce sont *les ci-devant communes*, qui seules ont fait la révolution, qui seules la maintiennent, & qui, *long-tems encore*, seront seules dignes de la maintenir. Or, la France pourrait-elle jamais oublier *qu'Honoré Riquetti*, membre de ces mêmes communes, en fût l'ame & le plus sûr boulevard ?

ceſſe pour les jours de ſon défenſeur, n'eſt-ce pas lui faire un nouveau devoir, de ne point les expoſer indiſcretement à des haſards ſuperflus? Laiſſons à ces illuſtres déshontés, qui, depuis le commencement de la révolution, ſe fourvoient de ſottiſes en ſottiſes, pour tomber de *Charybde* en *Sylla*, laiſſons-leur la noble fantaiſie de ſe poignarder à qui mieux mieux; & ſoyons auſſi conſéquens dans nos principes, qu'ils le ſont dans les leurs.

QUATRIEME PARTIE.

Quand on a conſidéré le duel, tel qu'il eſt, peut-il reſter *quelqu'autre moyen plus propre à le détruire irrévocablement?* Ne ſuffit-il pas d'avertir le malade, qui ſe diſpoſe à boire du poiſon, qu'il prend pour une liqueur bienfaiſante?

Quoiqu'il en ſoit, les meſures que nous allons propoſer, ne ſeront que les corollaires de tout ce qu'on vient de lire. Redoublons ſeulement d'attention.

Que l'Aſſemblée nationale ſe trompe ſur le mécaniſme des finances, ſur des points de localités, ſur mille objets de détails économiques, je n'y vois aucun danger ſérieux: tout cela peut aiſément ſe rectifier par l'expérience. Mais en ce qui touche la morale, la juſtice & l'humanité, malheur à nous, s'il pouvait s'introduire dans notre sainte constitution un germe radical de désordre, d'oppression & de barbarie ! Ce levain contagieux ne tarderait pas à corrompre les choses les plus saines. Nos législateurs respecteraient-ils le féroce usage des duels, parceque c'est le préjugé favori de quelques-uns d'entre eux ? Auraient-ils deux poids & deux mesures pour les abus & pour les crimes ?

Les obstacles en tout genre non moins anciens, non moins sacrés, & beaucoup plus imposans qu'ils ont victorieusement anéantis, ne leur permettent pas de reculer devant le phantôme du point d'honneur. *Il n'est pas possible de différer plus long-tems.* La nation entiere attend sur ce point un remede efficace & prompt. Les vaines tentatives de nos rois, & l'échaffaudage ridicule de tous leurs prétendus réglemens, demeurés sans effet, ne sont qu'une nouvelle raison de mettre la main à l'œuvre. Ces princes étaient des tyrans, qui parlaient à d'autres tyrans, & tous étaient les ennemis déclarés de l'ordre politique & des vertus sociales. Jamais les circonstances ne furent plus favorables. Aujourd'hui le peuple français rougit de ses vieilles erreurs, & s'empresse de renoncer à ses vieilles habitudes. Purifié par le feu du patriotisme, il se présente au temple de la liberté, prêt à revêtir la nouvelle existence, dont la constitution voudra l'honorer.

norer. Les changemens qu'il a déjà subis dans cette heureuse régénération, l'aguerrissent à tous ceux qu'il lui faudra subir durant la crise. Le préjugé, relatif aux familles des suppliciés, paraissait nagueres une rouille indestructible dans nos mœurs. *Un simple citoyen a dit* : & soudain les amertumes de la flétrissure ont été converties en couronnes, offertes à l'envi par la raison & par l'amitié. — Or, la pratique des batailles privées est-elle moins affligeante ? Français ! lorsque vos mains victorieuses viennent de détruire tous ces honteux monumens, qui semblaient impérissables, souffrirez-vous, qu'au milieu des ruines de la féodalité, l'on voye s'élever encore l'affreuse tyrannie du duel, & que ce dernier témoin de votre ancienne turpitude atteste en même tems à la postérité l'impuissance actuelle de vos efforts pour vous en affranchir. Plus de pusillanimité ; plus de mauvaise honte. Encore cet exemple d'héroïsme ! Osez seulement, & l'europe vous devra ce nouveau bienfait. (1)

Quoiqu'il y ait une longue filiation de loix

---

(1) C'est surtout *aux sociétés des amis de la constitution*, qu'il appartient de seconder ces vues patriotiques. Déjà même elles ont toutes émis leur vœu. Mais ce n'est point avec des motions oiseuses, c'est par *des*

contre le duel, chacun a cru pouvoir en proposer de meilleures, tout en pensant néanmoins *que c'était l'hydre à cent têtes qu'il s'agissait d'abattre.* Erreur capitale que nous avons déjà pulvérisée. La perpétuité du duel, comme nous l'avons établi plus haut, ne prouve point qu'il soit invincible, mais uniquement qu'on ne l'a jamais attaqué, ni poursuivi de bonne foi. Ce n'est point à dire que les loix fussent impuissantes, mais seulement qu'elles étaient inexécutées. Elles eussent produit un effet total, si la peine eut constamment suivi le délit, & qu'on ne les eut pas toujours releguées dans le vague des spéculations purement théoriques. Ainsi les esprits doivent se rasseoir, & revenir de leurs premieres terreurs. Il serait absurde d'estimer ce qu'on peut aujourd'hui faire à cet égard, parce qu'on n'a point voulu faire sous l'ancien régime.

« Quand on a fait dans le siecle passé des loix capitales contre les duels, peut-être aurait-il suffi, dit *Montesquieu*, d'ôter à un guerrier sa qualité

---

faits qu'elles doivent exercer ici leur utile influence. Comment? Chassons de nos sociétés tous ceux qui jetteront ou releveront les gages de bataille, & tous ceux qui serviront de témoins, *quels qu'ils soient.* C'est ainsi que nous devons nous venger des calomnies ridicules, que la mauvaise foi débite sans cesse contre nous.

de guerrier *par la perte de la main*, n'y ayant rien ordinairement de plus triste pour les hommes que de survivre à la perte de leur caractere ». (1)

Autant, sans doute, eut valu cette recette-là qu'une autre. Mais l'auteur tombe dans l'inconvénient majeur, que je reproche aux anciens édits. C'est d'abonder dans le sens des nobles & des militaires; c'est de les distinguer toujours du reste de la société.

L'abbé de Saint-Pierre voulait qu'on interdît les coupables, qu'on leur créât un curateur, & qu'on les enfermât dans la prison des fous. — *Beccaria* veut qu'on les punisse par la flétrissure. — D'autres, rentrant dans le sentiment de *l'abbé de Saint-Pierre*, veulent qu'on les déclare indignes de tous emplois civils & militaires; qu'on les prive, durant un tems plus ou moins long, des droits de citoyen actif; qu'on les exclue de la garde nationale. — D'autres veulent qu'on les condamne à la mort, ou du moins à de gros dommages & intérêts envers la famille du défunt ou du blessé.

Jean-Jacques, dans sa lettre à *d'Alembert*, pense, au contraire, que ce n'est ni par des

(1) Esprit des loix, tom. 3, liv. 28, chap. 24, page 331.

peines, ni par des moyens coactifs que l'on peut extirper le duel, attendu que ce n'est pas ainsi que l'on dirige l'opinion publique; & ses preuves, il les tire aussi de l'inéfficacité des anciennes loix sur le point d'honneur. Il me semble que mon maître se trompe ici de plus d'une maniere. D'abord, il regarde le tribunal des maréchaux comme l'établissement qui devait le mieux remplir le but desiré, s'il eut eu plus de latitude dans ses pouvoirs. Je suis, moi, loin de partager cette opinion. Car, le préjugé du duel ne dérive point des maximes du courage. Le courage, tel que le vulgaire le conçoit, peut tout au plus en être l'instrument. Mais il n'en est pas la cause immédiate. En remontant à l'origine, en observant de nos jours ce qui se passe sous nos yeux, qui peut douter que le duel repose essentiellement sur l'antique démarcation des trois ordres, & sur toutes les impertinences du systême féodal? *On n'offense point impunément* UN HOMME COMME MOI; & UN HOMME COMME MOI *ne doit point être regi par les mêmes loix* QU'UN HOMME COMME VOUS: en deux mots, voilà, dans toute sa nudité, la défense qu'opposent les duellistes, à ceux qui leur parlent de police & d'obéissance aux loix. Or, n'était-ce pas visiblement s'éloigner du but pour l'atteindre, que de confier la destruction du préjugé dont il s'agit aux chefs d'une caste qui n'éxistait que par lui seul, & qui le nourrissait comme la plus flatteuse de ses propriétés patrimoniales? Soit comme nobles, soit comme militaires, les maréchaux étaient tous sujets à récusation dans les saines idées de l'intérêt général, parce que, sous ce double rapport, ils étaient toujours juges & parties. J'en appelle à l'expérience.

Les moyens établis, continue *Jean-Jacques*, *ne serviraient, s'ils étaient pratiqués, qu'à punir les braves gens, & sauver les lâches. Mais heureusement ils sont trop absurdes pour pouvoir être employés.* — L'auteur coupe le nœud, au lieu de se résoudre. N'aurait-il pas réussi mieux à convaincre, s'il eut pu nous montrer que les moyens établis avaient été d'abord sérieusement employés, & que néanmoins le duel avait toujours prévalu? — *Si mon pere a reçu un soufflet, si ma sœur, ma femme ou ma maîtresse est insultée, conserverai-je mon honneur, en faisant bon marché du leur? Il n'y a ni maréchaux, ni satisfaction qui suffisent, il faut que je les venge, ou que je me déshonore; les édits ne me laissent que le choix du supplice, ou de l'infamie............* A force de vouloir avoir raison contre *d'Alembert* sur les spectacles, le bon *Jean-Jacques* lui même finit ici par raisonner sur les duels comme un aristocrate. Où donc est là cette infamie, qui l'épouvante tant? Eut-il mieux conservé son honneur & celui de tous les siens, si l'on eut exécuté les édits, & qu'il eut été pendu? Le villageois qui, pour la même insulte, irait le lendemain chercher, provoquer son adversaire, & lui plongerait son couteau dans le cœur, ferait-il fortune en justice avec les excuses du spadassinage?

Après avoir exposé ses idées sur la meilleure maniere de constituer le tribunal des maréchaux, il ajoute: *avec toutes ces précautions & d'autres semblables, il est fort douteux qu'on eut réussi, parce qu'une pareille institution est entierement contraire à l'esprit de la monarchie.* — Soit. Mais en rentrant dans les vrais termes de la question, *Rousseau* fortifie de plus en plus mon sentiment. Car c'est précisément parce que & l'esprit de la monarchie, & l'esprit des maréchaux, & l'esprit des loix mêmes sur le duel tendaient à le favoriser d'un commun accord, que l'on se jouait des édits, qui n'étaient prohibitifs que dans la seule lettre du texte. Ce ne sont donc pas les moyens qui manquaient d'efficacité; c'est le tyran, ce sont ses suppôts qui manquaient de bonne foi. Ils étaient, non pas impuissans, mais complices.

Poser pour majeure que l'opinion publique, *étant indépendante*, elle ne se dirige ni par les peines, ni par les voies coactives; puis en inférer que les loix seront toujours vaines contre le duel, c'est, me semble, équivoquer sur les mots, & d'ailleurs faire un fort mauvais argument. On a déjà vû que cette *opinion publique*, dont on fait ici tant de bruit, n'est qu'une *opinion très-particuliere*, & qu'elle se réduit à celle des gladiateurs. On a vû de plus que, si cette même opinion commandait à d'obscurs spadassins, elle était obligée de se taire devant le brave qui la méprisait. D'un autre côté, faudra-t-il induire de la liberté des opinions, la liberté des assassinats? Penser, est-ce agir; & massacrer, est-ce opiner?

La loi n'a nulle prise, elle n'en doit avoir aucune sur le domaine des idées. Mais est-il une seule action nuisible, qui puisse se soustraire à son influence conservatrice? Quel était l'effet de l'opinion ou de l'erreur publique, relative aux familles des suppliciés? c'était une force d'inertie, qui ne se prononçait gueres que par des faits négatifs. On ne pouvait occuper telle place, on ne pouvait contracter telle alliance. Si l'on était repoussé, du moins n'etait-on pas attaquée. Voilà jusqu'où seulement doit s'étendre l'indépendance de la pensée dans la distribution de l'estime & du blâme. Sortez de là, l'économie de l'ordre social ne sera plus qu'un beau roman. Il est aussi, parmi les scélérats, *une autre opinion publique*, qui leur est presque commune à tous. Ils pensent que le partage des biens devrait être égal. Ils se plaignent de ce les uns ont tout, tandis que les autres n'ont rien; & faute de pouvoir obtenir des loix agraires, ils estiment, à leur tour, qu'ils peuvent y suppléer sans scrupule par des voies de fait. Eh bien! la liberté des opinions doit-elle aussi les absoudre?

Au surplus, je suis parfaitement d'accord avec le citoyen de Geneve, & nous arrivons tous les deux au niveau de mon sujet, lorsqu'il ajoute: *si le gouvernement peut beaucoup sur les mœurs, c'est seulement par son institution primitive. Quand une fois il les a déterminées, non-seulement, il n'a plus le pouvoir de les changer, à moins qu'il ne change; il a même bien de la peine à les maintenir contre les accidens inévitables qui les attaquent, & contre la pente naturelle qui les altere.*

Or, notre ancien régime est annéanti. La nouvelle constitution nous ramene à la pureté de l'institution primitive. Faisons donc pour nos neveux, ce que nous voudrions que nos peres eussent fait pour nous.

Le moraliste, le jurisconsulte & le magistrat même, sont, par leur position, plus propres à maintenir l'ordre convenu qu'à le rectifier. Ce n'est qu'à l'homme d'état, ce n'est qu'aux législateurs que sont réservés ces vastes calculs politiques, d'où dépend la prospérité des générations, qui ne sont pas encore. Transportés par leur génie à plusieurs siecles du moment présent, c'est delà, qu'affranchis de mille contradictions actuelles, ils apprécient mûrement les réformes & les grandes mesures qu'ils proposent aujourd'hui. Le hef-d'œuvre de leur haute sagesse, est d'établir, entre les causes premieres & les agens secondaires, une harmonie telle, que l'effort soit un, & que ces puissances éparses, après avoir agi chacune dans la sphere de leur mouvement particulier, viennent toujours aboutir à la même fin, & se fondre dans le même résultat général.

Les moyens, par lesquels le duel s'est perpétué jusqu'à nous, deviennent eux-mêmes l'indication naturelle des moyens par lesquels on peut infailliblement le détruire. Portons-nous en sens contraire. Mettons l'opinion & les mœurs dans les intérêts de la loi. Tâchons de leur imprimer à toutes une seule & même physionomie; de sorte que leur présence nécessite par-tout une réaction simultanée. Mais armons-nous de courage, & confessons une bonne fois que, *qui veut la fin, veut les moyens.*

1° *La cloture des salles-d'armes* est incontestablement, de tous les antidotes contre le duel, le plus direct & le plus viscéral. Ces écoles de brigandage, ces entrepôts de crimes & de cruautés sont une de ces contradictions politiques, auxquelles on ne pourrait jamais croire, si l'on n'en était pas témoin! Est-il concevable que l'on ait osé placer une pareille institution entre le temple de la justice & le sanctuaire de l'humanité? C'est le gouvernement qui parodie lui-même sans pudeur comme sans pitié les maximes & les leçons, qu'il proclame ailleurs avec tant d'appareil! Qui pourrait compter le nombre d'infortunés, à qui cet effroyable apprentissage a coûté la vie!

On ne peut avoir aucun prétexte de laisser subsister plus long-tems ces barbares académies, à moins que la dignité du législateur ne descende jusqu'à calculer les prétendues graces, qui manqueraient à la contenance des éleves, s'ils étaient restraints à tous les autres exercices du corps! (1)

---

(1) « Tout ainsi, dit Montagne, que Philopœmen condamna la lutte, en quoi il excellait, d'autant que les préparatifs qu'on employait à cet exercice, étaient divers à ceux qui appartiennent *à la discipline militaire*, à laquelle seule il estimait les gens d'honneur se devoir amuser: il me semble aussi que cette adresse, à quoi

2°. *Le port des épées*, étant une conséquence immédiate de l'escrime, doit être interdit par les mêmes raisons. Je ne ne trouve point étrange que, sous le despotisme oriental, un poignard soit une parure. Mais par-tout où la loi signifie quelque chose, il est absurde que la police tolere, à titre d'ornement, une arme qui n'est bonne qu'à commettre des meurtres, & qui ne sied que dans la main d'un assassin. Dans les principes mêmes de l'élégance & du goût, cette addition de toilette embarrasse & gêne plutôt qu'elle ne décore. Il semble que l'épée ne soit là que pour obéir à l'impétuosité d'un premier mouvement, qu'il importerait au contraire de rallentir.

Le monarque doit *seul* avoir le droit de porter un glaive, comme chef suprême du pouvoir

---

on façonne ses membres, ces détours & mouvemens à quoi on dresse la jeunesse, en l'école des salles d'armes, sont non seulement inutiles, mais contraires plutôt & dommageables à l'usage du combat militaire. Il est digne de considération que *Lachez*, en platon, parlant d'un apprentissage de manier les armes, conforme au nôtre, dit n'avoir jamais de cette école vu sortir nul grand homme de guerre, *& nommément des maîtres d'icelle. Quant à ceux-là*, notre expérience en dit bien autant de reste; au moins pouvons-nous tenir que ce sont suffisances de nulle relation & correspondance ». Tom. 6, liv. 2, chap. 27, pag. 212.

exécutif. Ainsi j'en dépouille & les huissiers des tribunaux, & M. le président même de l'assemblée nationale, parce que ce signe n'est plus là qu'un moyen auxiliaire d'embélissement, & qu'il faut à cet égard briser les antiques habitudes. Le dauphin & les princes doivent être rangés sur ce point dans la même classe que tous les autres citoyens. (1)

Ce n'est pas tout. Il faut que l'armure des militaires soit effective. Il ne s'agit point de les parer dans les garnisons, mais uniquement de leur donner ce qui leur est nécessaire contre l'ennemi du dehors, soit pour attaquer, soit pour se défendre. Or, l'épée n'est utile sous aucun de ces deux rapports; on ne l'employe pas plus dans une bataille rangée que dans le passage d'un défilé. Quel motif plausible peut-on donc avoir de la conserver plus long-tems? L'usage de ce fer ne pouvant être qu'un abus criant, il s'en-

(1) Il est simple, si l'on ne veut pas toujours s'arrêter à moitié chemin, & mentir á ses principes, qu'il faut pareillement retrancher l'épée du costume théatral, dans quelque piece que ce soit. *On ne verra donc plus le cid !* Consolez-vous : on vous laissera peut-être le combat du taureau, pour les jours où vous n'aurez pas les spectacles de la grêve.

Et les dévotes! ne crieront-elles pas encore à la profanation; parce que je touche aux suisses des églises?

fuit qu'il faut l'ôter aux officiers comme aux soldats, parce que tous ne s'en servent que pour s'immoler entre eux. Si nous sommes de bonne foi dans nos réformes, la fabrication des épées doit désormais être aussi séverement proscrite par la police que la fabrication des poignards. Car les unes ont les mêmes dangers que les autres.

Le sabre est la seule arme de ce genre que l'on puisse autoriser. Nulle exception. Le maréchal de France & le dernier fusilier doivent être, sur cela, parfaitement uniformes. Personne ne peut avoir le privilége de fausser les mesures d'une loi sage, & de la rendre inconséquente. Ce n'est point extirper un abus que d'en couper plusieurs racines, si celles que vous négligez suffisent à sa réproduction.

3°. De toutes parts on demande, à juste titre, que *les volontaires de la garde nationale* ne puissent porter l'habit militaire, lorsqu'ils ne sont pas de service. Notre constitution, ouvrage de la paix & de l'égalité, ne saurait s'assortir à ces mœurs guerroyantes, qui naissent de l'esprit de conquêtes, & qui feront l'éternel fléau de la liberté publique. Autant vaudrait espérer d'obtenir le feu par le froid, que d'essayer à faire compatir nos vieilles idées gothiques avec le nouveau régime. Il faut que chaque citoyen, après avoir rempli ses fonctions, *quelque poste qu'il occupe*, quitte aussitôt ses marques distinctives, & qu'il se confonde avec l'universalité du peuple. *Evêques, curés, municipaux, soldats, juges*, tous doivent être assujettis à cette regle, dont on ne sent point assez l'importance. C'est le seul moyen propre à déraciner sans retour cette morgue pédantesque, ce caractere exclusif, ce goût de corporation, cette perfide tendance à toujours s'aggrandir, que les dignitaires & les fonctionnaires ont tant de peine à vaincre, sitôt que vous les avez investis de quelque portion d'autorité. Faites que vos délégués demeurent invariablement circonscrits dans les termes de leur mission. Mais aussi n'essayez pas sans cesse à reprendre l'exercice de la puissance, que vous avez commise à leurs soins. N'oubliez jamais que ce n'est qu'en votre nom qu'ils exigent le respect que vous leur devez, & qui, tournant tout entier à votre profit, tombe moins sur eux qu'il ne réfléchit sur vous-mêmes.

Chez tous les peuples de l'antiquité, les guerriers déposaient l'attirail martial, quand la paix était conclue. La même main, qui venait de faire mordre la poussiere aux ennemis, allait se consacrer aux douces occupations du labourage. Est-il rien de plus choquant, que de rencontrer par-tout des militaires ſans fonctions, armés de pied-en-cap dans le ſein paiſible de nos cités? Ce ſpectacle hoſtile ne ſemble-t-il pas une continuelle inſurrection contre l'ordre public? En quoi, de grace, les convenances feraient-elles plus violées, ſi les prélats ſe promenaient majeſtueuſement aux Thuileries en habits pontificaux?

L'armée de ligne & les troupes ſoldées ne peuvent avoir d'autre vêtement que celui qui leur eſt fourni par le tréſor national. Laiſſons donc à leur égard les choſes en cet état, puiſque nous ſommes encore forcés d'entretenir, à grands frais, des milices de réſerve, qui tiennent les puiſſances extérieures en échec. Mais rien n'empêche de concilier enſemble & la ſureté du dedans & la ſureté du dehors. Sur quel fondement raiſonnable ſouffrirait-on déſormais que les officiers & les ſoldats de ligne ſortiſſent de la caſerne *avec leur ſabre*, quand ils ne ſont pas de ſervice? Prendre un ton grave, & répondre que le port d'une arme quelconque eſt l'accompagnement obligé d'un uniforme, c'eſt une obſervation qui ſans doute eût paru du plus grand poids dans la balance du ci-devant conſeil d'état. Mais cette raiſon de marchande de modes aura-t-elle le même prix dans la diéte de la France libre? Eſt-ce ſur les vues de toilette, cheres aux héros du Palais-royal, qu'aujourd'hui l'on réglera la police & les deſtins de l'Empire?

Hommes de la constitution ! êtes-vous encore les esclaves de Louis XV ?

La frivole considération, puisée dans ce que vos élégans appellent *bonne ou mauvaise tournure*, est pourtant la seule dont on puisse s'étayer ici. Je défie que l'on en cite aucune autre. Maintenant, mettez en opposition les incalculables accidens auxquels vous livrez, de dessein prémédité, les citoyens & les militaires. Un soldat ivre ou colere que vous armez d'un sabre, est un enfant à qui vous confiez un rasoir. Si l'on est responsable de tous les malheurs, que l'on pouvait prévenir, n'est-ce pas au corps législatif qu'on aurait droit d'imputer ceux que les anciennes pratiques occasionneraient à l'avenir ? Il est enfin tems de songer que la vie des citoyens est quelque chose, & qu'on ne doit dédaigner aucune des précautions propres à la garantir des écueils qui l'environnent. Sauvons, sauvons une foule de braves gens, qui périssent tous les jours sous nos yeux, tristes victimes du spadassinage. Le moyen est aussi simple qu'infaillible. Quand la consigne du factionnaire sera d'arrêter tous ceux de ses camarades qui, n'étant pas de service, voudraient sortir de la caserne avec un sabre, il est évident qu'on attaquera le mal à sa source, & qu'on sera sûr d'abolir presque tous ces appels, que la soldatesque multiplie dans les régimens d'une maniere trop affligeante.

On

On fera plus. Il arrive ſouvent qu'un ſoldat, dans la chaleur du vin ou de l'emportement, & fier de ſe ſentir un ſabre aux côtés, le tire à tout propos, & qu'il en frappe les premiers qui lui déplaiſent, quoiqu'ils ne ſoient pas armés. Il n'eſt point unique, l'exemple des quatre canonniers en détachement à Bicêtre, qui, venus nagueres dans un cabaret de la maiſon blanche, y ont écharpé deux bourgeois, & même en ont tué un troiſieme, quoique ces trois particuliers fuſſent ſans armes, & qu'ils n'euſſent rien à démêler avec ces militaires. Or, ſi ces derniers euſſent été ſoumis à la regle que je propoſe, ils auraient toujours pu s'enivrer, mais leur intempérance n'eût eu nulle ſuite fâcheuſe ni pour eux, ni pour autrui.

Les trois premieres meſures que je viens d'indiquer, peuvent s'employer à l'inſtant même. L'exécution de celle qui ſuit, doit peut-être éprouver quelque ratard.

4°. Les anciens peuples libres n'ont jamais connu l'uſage de ces rubans de toutes couleurs, qui ſont devenus ſi communs en Europe. Chez les Grecs, l'honneur d'avoir bien ſervi ſon pays, était la plus belle des récompenſes. C'était dans le ſouvenir de ſes concitoyens qu'elle repoſait; & c'eſt la ſeule qu'on obtient de ſon vivant. Après la mort des héros, la patrie en pleurs traçait elle-même ſes regrets sur leur tombe, & c'était de faits plutôt que de discours qu'elle composait leur sublime & silencieuse épitaphe. — A Rome, où la liberté n'a jamais eu ce caractere majestueux & vraiment céleste qu'elle eut à sa premiere aurore; à Rome, où le patriotisme & les vertus civiques ne consistaient qu'à porter le fer & la flamme dans toutes les parties du globe; à Rome, où la félicité publique était la désolation de l'univers entier, il fallut stimuler le courage des guerriers par des institutions extraordinaires. On imagina l'insolent appareil des fêtes triomphales. On inventa, pour tous les genres d'exploits, des couronnes qui, formées d'abord de quelques brins d'herbes, furent ensuite faites des métaux les plus précieux. Mais ces signes honorables ne suivaient pas partout ceux qu'on en avait une fois revêtus. Ils restaient déposés dans l'intérieur des asiles. La seule distinction qui fut inséparable de la personne, était l'anneau dont les chevaliers se décoraient en tout tems, & qui même ne leur était pas plus exclusivement dévolu qu'il ne l'est à nos évêques. Un citoyen, à côté d'un citoyen, se tenait debout dans toute sa hauteur. Il n'était offusqué par aucun indice de suprématie individuelle. Ainsi l'ordonnaient les heureuses maximes de l'égalité.

Le génie féodal & l'esprit de superstition ont tissu de concert cette bigarrure de cordons, qu'on rencontre à chaque pas au milieu de nous. Fideles à leurs ridicules principes d'isolement, ce n'était pas assez pour nos oppresseurs d'avoir divisé la nation en trois classes fort disparates, il leur a fallu créer encore des ordres dans les ordres mêmes. Delà, toutes ces esclaves chevaleries, que l'on compte depuis l'histoire des Croisades. Ne parlons plus de ces anciennes congrégations amphibies, moitié militaires & moins monacales, qui sont retombées d'elles-mêmes dans le néant, d'où jamais elles n'eussent dû sortir. Passons même sous silence & l'ordre de Malthe, & l'ordre *de saint-Lasare*, *de Jérusalem*, *de Notre-Dame du Mont-Carmel*, & les autres ordres semblables, qui ne sont ni purement sacrés, ni purement profanes, & que je regarde, moi, comme un scandale religieux & politique. Mais qu'est-ce que votre ordre *du saint-Esprit*? Qu'est-ce que votre ordre *de saint-Louis*? Qu'est-ce que votre ordre *de saint-Michel*? Pourquoi toujours des faits, & toujours des croix? Convient-il de porter sans cesse une main indiscrete sur l'arche d'alliance? Quel rapport entre ces objets vénérés & les œuvres dont vous les rendez le prix? En quoi, grands bambins! différez-vous des enfans qui, lorsqu'ils ne font pas la chapelle, s'amusent, ou plutôt s'appliquent à parer de rubans leurs poupées?

Ainsi, soit qu'on considere l'origine, soit qu'on

ait égard au titre de toutes ces institutions chevaleresques, la force de l'analogie les place sur une ligne au moins parallele à celle des corporations monastiques, & des confrairies de pénitens. Sous ce premier aspect, l'anéantissement des unes devrait donc emporter la destruction de toutes les autres.

S'il fallait conserver un ordre quelconque de mérite, je n'en voudrais qu'un seul dans le royaume ; & pour en bannir la funeste propension à se diviser de la masse du peuple, les membres, qui ne seraient pas des chevaliers, seraient indistinctement tirés de toutes les classes. Laboureurs, négocians, prêtres, administrateurs, juges, militaires, rois, ministres, femmes même, toutes les personnes en un mot de qui la patrie aurait reçu d'importans services, auraient droit à la même illustration. Il semblait jadis que *qui ne savait pas tuer*, ne pouvait jamais aspirer à l'honneur d'être utile à la chose publique.

Quoiqu'un ordre ainsi constitué fut le moins imparfait de tous, j'avoue cependant que je n'y verrais qu'une servile complaisance pour nos vieilles erreurs. J'aimerais beaucoup mieux qu'on n'en établît & qu'on n'en retint aucun. Il en résulterait toujours une caste particuliere, où les abus s'introduiraient bientôt, parce qu'il est de l'essence de chaque aggrégation inamovible d'avoir son aristocratie propre. L'émulation désintéressée des anciens Spartiates est si noble ! elle est si digne de nos nouvelles loix ! Il faut éviter avec tant de soin, sous l'empire de l'égalité, ce qui peut trop énorgueillir les uns, & ce qui peut trop humilier les autres ! Eloignons d'une main courageuse tout ce qui pourrait tôt ou tard devenir une pomme de discorde entre les citoyens. Accordez-leur des pensions autant de fois qu'elles seront justes & nécessaires. Mais quant à ces décorations puériles & superflues, laissez-les enfouies sous les ruines du despotisme & de la féodalité. Elles sont déjà même implicitement supprimées tant par les décrets qui rejettent la permanence des corporations, que par ceux qui proscrivent & les armoiries, & les livrées, & les dominations féodales, & tous les vestiges de servitude & d'inégalité.

De même que le monarque, comme chef suprême du pouvoir exécutif, doit seul porter un glaive, de même, comme premier fonctionnaire public, il doit seul dans le royaume être orné d'un cordon en écharpe. Mais il est simple que ce signe, désormais constitutionnel, ne peut plus être *qu'aux couleurs nationales*, si l'on veut que toutes les parties de la constitution se correspondent, & qu'il regne entre elles unité parfaite. A l'égard du Dauphin & des princes du sang, on ne peut avoir aucun motif plausible de leur déférer une parure,

M 3

qui doit à l'avenir fixer tous les respects sur le premier magistrat de l'empire.

Remarquez que, quoique je n'aie proposé jusqu'à présent aucune loi directe contre le duel, il se trouve, par les seules mesures que j'indique, tellement isolé de tout ce qui l'alimente, qu'à peine voit-on comment il pourrait exister encore. Plus de base, plus de prétextes, plus d'appuis, plus de moyens. Il faut qu'il s'affaisse de lui-même. On doute si, dans cet état, il est besoin d'en faire la matiere d'une loi précise. Les objets de pure police que je viens d'exposer, & qu'il faudrait toujours admettre, quand bien même on n'aurait point à s'occuper du duel, paraissent remplir presque complettement le but desiré.

Et certes, cette marche est mille fois préférable à celle que Rousseau lui-même adopte sur la foi des anciens édits, & qui consiste à permettre le combat dans certaines circonstances rares, pour se ménager le pouvoir de sévir dans toutes les autres. Indépendamment de ce que cette petite ressource a déja plus d'une fois échoué, que serait-ce qu'un prétendu législateur qui serait obligé d'autoriser le crime aujourd'hui pour acquérir la force de le punir demain? Ne serions-nous pas plus avancés en politique, qu'on ne l'était au tems *de la trêve de Dieu*? Ces atroces & perfides transactions attestent l'ignorance ou la lâcheté, plutôt que la sagesse de ceux qui ne peuvent mieux faire. La prudence & l'humanité doivent être scrupuleusement attentives à détourner du chemin des hommes équivoques tout ce qui pourrait être pour eux une occasion de devenir coupables. Mais quand ils le sont devenus, malgré vos tendres sollicitudes, l'ordre public réclame alors votre juste sévérité. Jamais vous ne pouvez ni composer avec eux, ni vous rendre leurs complices. Si vous voulez qu'on respecte & vos décrets & la vertu, montrez-vous les premiers à les respecter vous-mêmes. Excuserait-on celui qui s'irait confondre avec une bande de scélérats, & partagerait leurs forfaits, dans l'espoir de gagner d'abord leur confiance & d'opérer ensuite leur conversion?

5°. Je ne puis trop le redire : ce n'est point à telle plutôt qu'à telle loi, que le succès tient essentiellement. Quelque soit celle dont on convienne, elle réussira, pourvu d'une part qu'elle soit réprimante, & pourvu de l'autre qu'elle s'exécute d'une maniere invariable. Mais si vous abandonnez encore au monarque ce privilege inconstitutionnel, immoral & *barbare*, qui paralyse les tribunaux, & sacrifie l'intérêt de tous les citoyens aux protections d'un scélérat, je veux dire *le droit de faire grace*, il faut ſe taire, ou publier franchement que le duel eſt une voie très-légitime.

Et 6°. les anciens édits ſemblent, dans l'économie de leur contexte, fléchir par-tout devant le préjugé qu'ils attaquent. On héſite, on tatonne, on implore. Ce ſont d'éternels pour-parlers. Ce plat verbiage nuit autant à la force qu'à la dignité de la loi. Pourquoi tant de périphraſes oiſeuſes ſur le faux & ſur le véritable honneur? Eſt-il aujourd'hui perſonne qui ne ſente qu'on ne s'honore point, en aſſaſſinant ſon frere? Etait-il beſoin d'aller apprendre à Cartouche que *tuer & voler* n'étaient pas choſes juſtes? Je ne ſais, mais j'eſtime que le décret ſera beaucoup plus impoſant, ſi l'on n'y paraît pas croire, une ſeule minute, que les duelliſtes puiſſent être de bonne foi dans leurs allégations horribles.

Marchez d'un pas ferme & majeſtueux. Baſez votre loi ſur cette maxime univerſelle, que *perſonne ne peut être juge & partie dans ſa propre cauſe*; & dites que *les citoyens étant déſormais égaux, ſi l'on permettait aux uns de tuer, il faudrait le permettre à tous, & qu'alors la ſociété ſerait bientôt diſſoute.* Déduiſez enſuite tous vos articles de cette ſource auſſi pure qu'elle eſt évidente.

Par une conſéquence immédiate de cet eſprit, il ne ſera plus queſtion ni de rien qui puiſſe être relatif aux idées chevalereſques, ni de maréchaux de France, ni de cour d'honneur, ni d'aucune attribution ſemblable : inſtitutions qui n'ont fait qu'affermir l'abus que l'on ſemblait pourſuivre. Les délits des gladiateurs ſeront, ainſi que tous les autres, renvoyés devant les tribunaux ordinaires.

Après avoir épuiſé cette ſérie de précautions préliminaires, & tout ceci poſé, reſte enfin à ſavoir quelle ſera la peine que l'on prononcera contre le duel. Les différentes meſures que nous venons d'offrir, ne doivent être enviſagées que comme l'objet de chapitres préparatoires & diſtinctifs de celui deſtiné ſpécialement, dans le code pénal, aux combats ſinguliers. Ce dernier chapitre, qui par-là devient très-court, nous paraît devoir ſe réduire à trois diſpoſitions, correſpondantes aux trois différentes armes qu'on emploie pour le duel.

1°. Dès que la fabrication & le port des épées ſeront ſévérement défendus, il eſt manifeſte que les combats, avec cette ſorte d'armes prohibées, ne pourront plus être aſſimilés à des rencontres. Il y aura néceſſairement un long intervalle entre l'offenſe & la réparation. Il faudra que chacune des parties aille chercher le fatal glaive. Il faudra le cacher en l'apportant au rendez-vous. Tout sera réfléchi ; tout sera prémédité de part & d'autre. Restera donc l'assassinat dans toute la férocité du sang-froid.

D'où résulte que la même peine encourue par l'assassin devra s'appliquer tant aux champions qu'aux témoins, puisque le délit est indivisible, & que les uns & les autres sont respectivement complices entre eux. Mais si je tiens que les meurtriers doivent subir de toutes les peines la plus répressive, je pense en même tems que celle de mort ne peut être conservée dans aucun cas. *L'homicide légal* est une monstruosité, fruit odieux de l'ignorance & du délire politique. Ce n'est pas seulement la plus impardonnable des lâchetés c'est une mesure impie dans ses bases, excessive dans ses conséquences, & fausse dans tous ses calculs. (1)

2°. De duel aux pistolet réunit plus particulié-

---

(1) Dans mon tribunal, (*celui du cinquieme arrondissement, séant à Ste-Genevieve*) on vient de condamner au supplice de la roue, & de faire exécuter à Bicêtre, *un jeune homme de vingt ans, de cinq pieds huit pouces, & très-vigoureux*. Dans tous les différens actes de cette abominable tragédie, il n'a pas témoigné la moindre émo-

rement encore la noirceur & la honte de l'assassinat. Quoiqu'on dise & quoiqu'on pense que la partie soit ici, beaucoup plus égale, je verrai toujours, dans ces funestes batailles, un homme armé qui tue ou cherche à tuer son adversaire sans défense. Celui-ci n'a pas plus de moyens de résister à l'attaque, que l'agneau qui tombe sous les coups du victimaire. L'extravagante convention de se mettre en loterie, & de tirer chacun à son tour, loin d'être une excuse, est ce qui constitue l'atrocité du crime. On ne peut pas plus acquérir le

---

tion. A peine a-t-il été dans les mains du confesseur, qu'il s'est fait servir à dîner. Il a conservé son indifférence & son sang-froid jusqu'à la fin. — J'étais rapporteur, & j'en ai, moi, plusieurs jours depuis, été violemment incommodé. Puissé-je n'avoir plus à remplir cet affreux ministere !

Quelle sera donc la peine qui remplacera celle de mort? Sera-ce la déportation ? Sera-ce la condamnation aux travaux publics ? Sera-ce toute autre expiation ? Cela n'est pas de mon sujet ; & j'attends, avec impatience, le nouveau code pénal, que l'on annonce tous les jours. Il me suffit de dire que les assassins & les duellistes doivent, à mon sens, éprouver les mêmes rigueurs, quelque soient celles que l'on décréte pour l'assassinat ; ou prouvez-moi *solidement* que l'homme qui tue, par vengeance, est moins coupable que l'homme qui tue par misere.

droit d'être un lâche, qu'on ne peut accorder celui d'être un homicide.

Puiſque cette eſpece de duel eſt encore plus révoltante que la premiere, il faut que la peine croiſſe proportionnellement : gradation qu'il ne ſera pas difficile d'établir d'après le nouveau code. En ſuppoſant, par exemple, que la peine de l'aſſaſſinat ordinaire fût la condamnation aux travaux publics pendant dix années, on pourrait prononcer un plus long-tems pour le duel aux piſtolets.

Et 3°. le port des ſabres étant permis, *lorſqu'on ſera de ſervice*, il faut obvier à l'abus que l'on pourrait continuer d'en faire. Mais la ſageſſe ordonne-t-elle d'être auſſi ſévere ici que dans les deux premiers cas? Je ne le crois point; & ce qu'on trouvera peut-être bizarre, il me ſemble qu'il convient de diminuer la peine, précisément parce que le délit, dans l'abſence des autres armes, pourra d'abord être plus fréquent. Pourquoi cette condeſcendance? Le voici.

On ſait qu'il n'y a gueres que les ſoldats de ligne, qui ſe battent entre eux à coups de ſabre. Les autres gladiateurs, plus jaloux de leur figure, craindront en général un genre d'eſcrime, où, frappant d'eſtoc & de taille, on ſe mutile, on ſe hache, on ſe déshonore le viſage. Un élégant damoiſeau tremblera de devenir boiteux, manchot ou balafré. C'eſt donc un frein que nous devons ici porter en compte. Quant aux ſoldats de ligne qui ſont moins précieux & plus brutaux, la juſtice doit eſtimer leurs fautes par leurs moyens. Moins ils ſont éclairés, & plus ils méritent d'indulgence.

Si pourtant les citadins, dans l'impuiſſance de ſe ſervir d'une épée, riſquaient de vuider leurs querelles à coups de ſabre, ils auraient du moins l'excuſe de n'avoir point fait uſage d'armes prohibées. On pourrait encore ſe prévaloir du premier mouvement, & dire que le combat n'eſt qu'une rencontre, non moins inopinée que la rixe. On ſe trouverait enfin tout armé. Je ſuppoſe toujours que l'affaire aura lieu lorſqu'on ſera de ſervice, puiſque c'eſt le ſeul tems où le port du ſabre ſera permis. Car ſi le duel arrive dans toute autre circonſtance, ſi les parties ſont ſans armes alors qu'elles s'irritent, & qu'il faille aller chercher ſon ſabre, & couvenir d'un rendez-vous, nul doute qu'elles ſeront ſoumiſes à la même peine que celle encourue par ceux qui ſe battront déſormais à l'épée.

Mais quoique je n'eſtime pas devoir aſſimiler aux aſſaſſins les ſoldats de ligne, & tous ceux qui, dans l'accès de la colere, en viendront aux priſes, *étant de ſervice*, il n'en eſt pas moins vrai qu'il faudra les punir rigoureuſement de la double prévarication qui naîtra de ce qu'ils auront enfreint les regles de la discipline militaire, & de ce qu'au mépris du droit commun, ils se seront rendus juges & parties dans leur propre cause. Je ne distinguerai point ceux qui servent dans l'armée, de ceux qui servent dans la garde nationale. Les officiers (1) & les soldats seront également chassés du corps, & privés des droits de citoyen actif, savoir, les premiers pour cinq ans, & les autres pour trois. — En cas de récidive, l'interdiction sera de sept années pour les officiers, & de cinq pour les soldats. — A la troisieme affaire, les uns & les autres seront jugés & condamnés comme des assassins.

Mais si l'un des champions périt, ou si tous les deux meurent de leurs blessures, alors il importera peu de savoir s'ils se sont battus pour la premiere ou la troisieme fois. Dans la premiere hypothese, le champion survivant & les témoins

---

(1) Je comprends sous le nom *d'officiers*, depuis le maréchal de France, jusqu'au sous-lieutenant inclusivement.

Faut-il répéter que ces loix, communes à tous les citoyens, régiront les princes comme le dauphin lui-même? Faut-il dire encore que *tous les duels* seront jugés par les tribunaux ordinaires, avec impression & affiche?

respectifs, & dans la seconde ceux-ci seront tous soumis à la peine de l'assassinat; avec cette différence néanmoins que, si le meurtre a lieu dans une affaire où l'un des adversaires se battait pour la troisieme fois, l'on encourra la peine du duel aux pistolets, qui doit être la plus grave dans cet ordre de choses.

Ce n'est point contre la société, c'est contre les parties qui veulent en courir les risques, que doivent tourner toutes les chances de la bataille De cette observation profondément sage, je conclus qu'en supposant même d'une part que le mort fut celui qui se battait pour la troisieme fois, & de l'autre que le survivant se battait lui pour la premiere, il ne faudrait rien changer à la sévérité de la disposition. Quand la loi sera duement publiée, chacun connaîtra les dangers auxquels il s'expose en descendant sur le pré; & *volenti non fit injuria*.

Après avoir long-tems médité sur l'origine, sur les progrès, & sur toutes les causes secondaires du préjugé que je viens de combattre, telles sont les mesures préparatoires, & telles sont les mesures directes qui me semblent les plus propres à l'anéantir sans retour. Les mœurs, l'opinion & la loi se prêtent-elles dans mon systême un fecours réciproque ? Voilà la pierre de touche à laquelle il faut préfenter ce travail.

Mais quoi ! s'écriera-t-on, eft-ce que vous ne diftinguez pas l'agreffeur de l'offenfé ? — Non. Ce n'eft point avec des idées de praticien que l'on peut apprécier les grands intérêts de l'ordre public. Si l'offenfé s'adreffait aux tribunaux, & que j'euffe à prononcer comme juge, certainement j'apporterais le foin le plus fcrupuleux à l'examen des torts refpectifs, & ma voix s'éleverait contre l'agreffeur. Mais quand celui qui fe prétend infulté, dédaigne les vengeances légales ; quand il fe conftitue juge & partie dans fa caufe ; quand, pour une injure quelconque, il ofe attenter à la vie de fon adverfaire, alors comme publicifte, je ne fépare plus le provocateur du provoqué. L'offenfe que celui-ci fait à la loi, ne lui permet plus d'exciper de celle qu'il a reçue lui-même. Je faifis les champions au moment où tous les deux violent les maximes confervatrices de la liberté fociale ; & fous cet afpect, l'un n'eft pas moins coupable que l'autre. L'offenfé contracte toute la turpitude de l'agreffeur, avec lequel il fe ligue contre l'autorité légitime.

Au moins, ajoutera-t-on, faut-il faire de nouveaux réglemens fur les injures, & les réprimer par les peines les plus coërcitives & les plus rigoureufes goureuses. Que la loi veille donc au moins pour moi-même, soit qu'on m'adresse un propos injurieux, soit qu'on me donne insolemment un démenti. Comment.... comment vengera-t-on mon honneur du soufflet que j'aurai reçu ?—Est-ce donc encore dans le code suranné de la noblesse, qu'il faut aller puiser les regles que nous nous proposons de suivre ? Aussi versatile dans ses motifs, qu'incertain dans sa volonté, tantôt on s'applaudit de vivre au dix-huitieme siecle, & tantôt on se plaît à rétrograder vers les erreurs du douzieme ! comme si l'on pouvait être esclave & libre en même-tems ! Sans doute il faut porter, dans la partie de notre législation relative aux injures, le complément de perfection dont elle est susceptible. Mais est-ce à dire qu'on doive prendre pour boussole les exagérations de votre orgueilleuse irritabilité ? Pour qui demandez-vous un si grand appareil de rigueurs en matiere d'injures ? Est-ce pour la nation entiere, ou n'est-ce que pour certaine classe dans laquelle vous n'oubliez pas de vous asseoir ? Parlez-vous enfin du droit commun, ou n'indiquez-vous qu'un privilege spécial ? C'est delà que dépend la maniere de nous entendre.

Bon gré, malgré, nous convenons, je crois, d'abord que la loi doit être la même pour tous, & que les vieilles distinctions de riche & de pauvre, d'illustre & d'obscur ne sont plus de recette aujourd'hui. De plus, le principe fondamental de toute réparation est qu'elle doit se mesurer sur l'étendue d'un dommage réel, & non sur les illusions d'un préjudice chimérique.

Ceci posé, raisonnons tous de bonne foi. Qu'apercevez-vous dans un propos injurieux, ou dans un démenti quel qu'il soit? un défaut d'éducation, un vice de caractere, & peut-être une erreur. A cela je ne sais pas de meilleur remede que d'avoir raison contre celui qui se trompe, ou de se rétracter, lorsqu'on se trompe soi-même. Quant à l'inconvenance, quant à l'irrégularité des formes, c'est l'opinion seule, & non la loi qui peut en faire justice. Citerez-vous un étourdi devant les tribunaux pour voir dire que, faute d'être suffisamment honnête, il sera tenu de prendre de nouvelles leçons de civilité? La mauvaise éducation, qui multiplie les impolitesses à la hâle, y rend en même-tems insensible; & la bonne éducation qui doit les bannir du Palais-royal, doit servir de plus à les y faire pardonner. Sous ce point de vue, tout devient égal de part & d'autre. Au reste, si l'incongruité qui vous blesse, vous semble par trop choquante, votre pis-aller est d'y riposter du même style; & tout doit finir là. Mais remarquez comment notre question sur l'honneur, approfondie selon vos caprices, dégénere en puériles détails de pédantisme.

Des injures proférées dans un instant de colere, ou par suite d'une grossiéreté naturelle, sont bien différentes de la calomnie. Les premieres, fugitives comme l'air, peuvent tout au plus nuire à celui qui les emploie. L'autre, au contraire, perverse dans ses intentions, & sourde dans ses lâches pratiques, peut griévement compromettre l'honneur de celui qu'elle attaque. Ici paraît un véritable corps de délit. Mais la même loi qui l'a prévu, s'est aussi réservé le soin de le punir. C'est à ses organes, & non point à vous qu'il appartient d'évaluer la juste satisfaction, que vous pouvez prétendre. Votre condition à cet égard est celle de tous les citoyens de l'Empire. Avouez, vous sur-tout qui déclamez avec tant d'amertume contre les exécutions illégales, auxquelles s'est quelquefois porté ce peuple, dont vous lassez la patience, avouez que ce serait de votre part une assez mauvaise méthode, si, pour prouver à votre adversaire qu'il a tort de vous avoir trahi, vous commenciez vous-même par trahir la loi, qui peut seule décider entre vous deux.

Les injures, qui se réalisent en voies de fait, peuvent offenser le corps. Mais peuvent-elles également offenser l'honneur ? Expliquez-moi par quelle magique transition un coup quelconque peut s'étendre de ma personne physique à ma personne morale ? Où placez-vous le point de jonction entre ces deux êtres distincts ? Comment mon honneur peut-il m'échapper, parce que vous êtes un brutal ; &, si j'ai pu l'acquérir sans vous, comment pouvez-vous me l'ôter sans moi? Quoi ! je cesse d'aimer mon devoir ; il n'est plus vrai que toute ma vie je me sois attaché par goût aux vertus les plus pénibles ; je ne mérite plus l'estime de ceux qui m'en accordaient ; mon cœur se corrompt ; ma conscience se déprave ; tout change en moi, tout change hors de moi ; je suis désormais méprisé, méchant, odieux...... Et pourquoi cette subite révolution ! Parce que votre main, qui n'est pourtant point celle du bourreau, s'est appliquée plus ou moins fortement sur ma joue ! voila mon premier crime, & voici mon second. Je me suis senti le courage de pardonner à votre impétueuse irascibilité cet accès de fureur, & de renoncer même aux vengeances qui m'étaient offertes par la loi ! C'est vous qui restez homme d'honneur, & c'est moi qui ne suis plus qu'un infâme ! & vos enfans, & vos amis, & tous vos pairs me puniront à jamais de n'avoir pas au moins essayé de vous arracher la vie !....... Vérité éternelle ! Est-ce en France, est-ce au sein de la plus saine philosophie, qu'il faut lutter encore contre ces barbares absurdités !

Un soufflet n'est point une calomnie. Qu'est-ce ? C'est sans contredit en soi la moins dangereuse de toutes les blessures. Mais si l'atteinte qu'un soufflet porte au corps n'est gueres plus sérieuse que celle qu'il porte à l'honneur, il ne s'agit donc plus que de savoir, à défaut de base réelle, jusqu'à quel point nous nous mettrons à la merci d'un amour-propre mal entendu, pour fixer l'espece de réparation que cette injure doit entraîner. Il me semble à moi qu'affecter de donner aujourd'hui tant d'importance à cette faute, ce serait abonder & rentrer dans le sens du préjugé, qu'il est nécessaire d'anéantir. Pour Dieu ! prenons enfin l'habitude de ne priser les personnes & les choses que suivant leur juste valeur. Or, en observant que la loi doit être générale, & que c'est l'égalité qui doit la promulguer, à combien arbitrerez-vous *un soufflet*, sur quelque visage qu'il tombe ? *Un soufflet* méritera-t-il les plus redoutables châtimens ? La peine de mort est-elle la seule qui puisse expier *un soufflet* ? Qui l'oserait soutenir ? C'en est assez. La nature de la satisfaction n'est plus de mon sujet. Il me suffit que le duelliste ne puisse aller plus loin que la volonté nationale. Au lieu de se faire justice à lui-même, & de se la faire d'une maniere aussi désolante, il faut donc qu'il sache bien positivement qu'à la loi seule est dévolu le droit sacré de venger les citoyens du tort qu'ils souffrent soit dans leur fortune, soit dans leur personne, *soit dans leur honneur.*

Il eſt une derniere objection auſſi déplorable que les autres. Si, dit-on, mon adverſaire m'épie, qu'il me rencontre, qu'il ſoit muni de deux armes, & qu'il me force d'en accepter une à l'inſtant, ſous peine d'être immolé moi-même, que faire en cette occurence? — Recevoir l'arme & vous défendre. Mais n'oubliez pas non plus qu'ainſi qu'un voyageur, après avoir tué le brigand qui l'arrête dans un bois, s'empreſſe d'en aller faire ſa déclaration au magiſtrat, vous ſerez de même tenu de juſtifier, par tous les moyens qui ſeront en votre pouvoir, de la néceſſité preſſante où vous avez été de repouſſer la force par la force.

Ah! c'eſt trop inſiſter ſur ces vaines clameurs. Ceſſons une bonne fois d'imaginer des cas métaphyſiques, & d'en former enſuite d'épaiſſes barrieres entre nous & la raiſon. Si ma foible plume a pu tracer une légere eſquiſſe des horreurs du duel, enviſagé dans tous ſes rapports & ſous toutes ſes faces, eſt-ce trop préſumer des vrais amis de la conſtitution, qu'eſpérer que leur courage achevera ce que mon zele n'aura pû qu'ébaucher? Puiſſé-je les avoir mis à portée de ne plus confondre l'énergique patriotiſme qui vient d'un cœur droit, avec celui qui ne vient que d'une tête perdue! Demeurons tous d'accord que l'amour de la liberté n'eſt ſacré, que parcequ'il doit eſſentiellement être l'amour de l'ordre. Après ſeize ſiecles d'erreurs, convaincus enfin qu'il eſt auſſi ridicule de prétendre être noble des belles actions de ſon pere, qu'il le ſerait, quand on eſt pauvre, de prétendre encore être riche de la fortune de ſon ayeul, ou qu'il le ſerait de vouloir être vertueux de la vertu d'autrui, grand de la taille d'autrui, fort de la ſanté d'autrui, nous avons réduit en poudre les ſots privilèges de ces caſtes paraſites, qui n'admettaient le peuple dans la nation que pour l'avilir & le tyranniſer. Mais, à tant de prodiges qui ſignalent notre génération, il faut, je le répete, il faut ajouter celui, ſi c'en eſt un, d'être fermes & conſéquens dans nos nouveaux principes. Le duel, invention des gentilshommes, ne peut leur ſurvivre. Qu'aurions-nous gagné, ſi nous ſommes entre nous auſſi cruels, qu'ils l'étaient à notre égard? Après les avoir irrévocablement détruits, voulons-nous qu'ils emportent la conſolation de croire que nous nous rendrons, pour ainſi dire, leurs vengeurs contre nous-mêmes, en perpétuant dans nos uſages un préjugé féroce, dont l'effet ferait de nous égorger les uns par les autre? A cette ſeule idée, qui ne ſe ſent capable d'exécuter tout ce qu'il doit faire?

Citoyens! volons au champ de la fédération.

Arrachons de nos mains le dernier titre de l'aristocratie féodale, & brûlons-le de concert sur l'autel de la patrie. Il n'existe plus *ni manans*, *ni nobles*, *ni despotes*, *ni serfs*. Jurons, tant pour nous que pour nos neveux, jurons de vivre & mourir libres. Mais ce serment auguste ne doit point consister en un vain formulaire. Il faut qu'il résulte de la plus parfaite égalité pratique, de notre soumission religieuse aux loix de l'état, & de notre invariable constance à respecter l'ordre public. (1)

---

(1) Je n'ai point la prétention de joindre à cet écrit un projet de décret. Si les mesures que je propose, & que j'ai suffisamment caractérisées, peuvent paraitre de quelque prix, il sera très-aisé de les convertir en articles. Si l'on juge au contraire qu'on n'en peut tirer aucun profit, je ne dois point aggraver le tort que j'ai, de ne m'être pas tû beaucoup plutôt.

ERRATA.

PAGES. 12, arrogant & bas, flatteur, *lis.* arrogant & bas flatteur

30 reliquas, *lis.* reliquias

31 signg, *lis.* signa

43 opposes, *lis.* opposés

51 Louis XII, *lis.* Louis XIII

70 avaient, *lis.* avait

133 à tout êge, *lis.* à tout âge

Le dernier mot de la pag. 136 de, *lis.* des

www.ingramcontent.com/pod-product-compliance
Ingram Content Group UK Ltd.
Pitfield, Milton Keynes, MK11 3LW, UK
UKHW021139260726
13994UKWH00001B/217

9 782329 375496